BUZZ

*Dedico este livro aos trouxas
que me fizeram chegar até aqui.*

© 2022, Buzz Editora
© 2022, Tom Felton
Publicado originalmente com o título *Beyond the Wand – The Magic and Mayhem of Growing Up a Wizard*, em 2022, por Ebury Spotlight, um selo de Ebury Publishing. Ebury Publishing é parte do grupo Penguim Random House.

Todos os esforços foram feitos para cumprir os requisitos no que diz respeito à reprodução de material protegido por direitos autorais. Caso haja qualquer omissão, a editora e o autor se comprometem a corrigi-la.

Publisher Anderson Cavalcante
Editora Tamires von Atzingen
Estagiária editorial Letícia Saracini
Preparação João L. Zuvela
Revisão Cristiane Maruyama, Ligia Alves
Projeto gráfico Estúdio Grifo
Assistentes de design Nathalia Navarro, Letícia Zanfolim

Nesta edição, respeitou-se o novo Acordo Ortográfico da Língua Portuguesa.

Dados Internacionais de Catalogação na Publicação (CIP) de acordo com ISBD

F326a
Felton, Tom
   Além da Magia: O Encanto e o Caos de Crescer Como um Bruxo / Tom Felton
   Traduzido por: Bárbara Waida, Bonie Santos
   São Paulo: Buzz Editora, 2022 | 256 pp.
   Tradução de: *Beyond the Wand: The Magic and Mayhem of Growing Up a Wizard*

   ISBN 978-65-5393-131-2

   1. Biografia. I. Waida, Bárbara. II. Santos, Bonie. III. Título.
2022-1945   CDD 920 | CDU 929

Elaborado por Vagner Rodolfo da Silva, CRB-8/9410
Índice para catálogo sistemático:
1. Biografia 920 | 2. Biografia 929

Todos os direitos reservados à:
Buzz Editora Ltda.
Av. Paulista, 726, Mezanino
CEP 01310-100 – São Paulo/ SP
[55 11] 4171 2317 | 4171 2318
contato@buzzeditora.com.br
www.buzzeditora.com.br

TOM FELTON

Além da magia

O encanto e o caos
de crescer como um bruxo

Tradução Bárbara Waida e Bonie Santos

Prefácio Emma Watson   9

1. **Indesejável nº 1 *ou* o primeiro problema de Draco com a lei**   13
Um vergonhoso episódio da adolescência demonstra a dificuldade de equilibrar uma infância comum com a vida na telona.

2. **Minha família trouxa *ou* o fracote do grupo**   17
Tom nos apresenta sua família: três irmãos animados, uma mãe paciente e um pai brincalhão.

3. **Os primeiros testes *ou* Mamãe Gansa!**   29
As primeiras performances de Tom no palco deixam muito a desejar, mas ele encontra seu caminho até os testes profissionais mesmo assim.

4. **A magia no processo *ou* James Blond e Cachinhos Ruivos**   39
Tom consegue seu primeiro grande filme, conhece o 007 e tem de suportar o primeiro de muitos cortes de cabelo questionáveis.

5. **Meus irmãos já estão enjoados disso *ou* jatos na noite de estreia**   49
A primeira experiência de Tom no tapete vermelho é ofuscada pela bizarrice de seus irmãos.

6. **Anna e o Rei *ou* Clarice e Hannibal**   53
Tom viaja para a Malásia e passa vergonha na frente de duas estrelas de Hollywood.

7. Os testes de elenco para Potter *ou* **quando Draco conhece Hermione** 61
Tom consegue o papel de Draco, apesar de não saber nada sobre Harry Potter, e insulta a jovem Emma Watson.

8. A leitura de mesa *ou* **beijos no bumbum** 71
O elenco de Potter se reúne pela primeira vez e Tom recebe uma mensagem inapropriada de Pirraça.

9. Draco e Darwin *ou* **como Malfoy conseguiu seu sorrisinho** 75
O avô de Tom o ensina como olhar com desprezo para os grifinórios.

10. Indesejável nº 1 (Parte 2) *ou* **Gregório Goyle e o chocolate quente explosivo** 79
Tom e seus colegas sonserinos realmente não fazem nada de bom.

11. Um dia no set *ou* **o sanduíche saboroso de Severo Snape** 89
Tom nos leva para um tour pelos estúdios Leavesden e Snape dá aos trouxas o que eles querem.

12. Fãs *ou* **como (não) ser um babaca completo** 97
Tom é apresentado ao mundo maluco do fandom e aprende a ter empatia com aqueles que o veem como parte de suas vidas.

13. Como voar em uma vassoura *ou* **as vespas e o fracote**   107
Tom encontra dificuldades durante a aula de voo do primeiro ano e Madame Hooch sai em seu resgate.

14. O melhor dos dois mundos *ou* **o babaca da vassoura**   113
Tom faz o que pode para viver a realidade fora do mundo de Harry Potter, mas nem sempre acha isso fácil.

15. Problemas com a transfiguração *ou* **Maggie e a centopeia**   121
Um idiota egoísta causa confusão no set e uma centopeia de espírito livre atrapalha uma aula de transfiguração.

16. Dramione *ou* **a galinha e o pato**   127
Tom fala aberta e honestamente sobre sua amizade com Emma Watson.

17. Os Weasley em ação *ou* **jogando golfe com os grifinerds**   137
Tom surpreende o jovem Rupert Grint e os gêmeos Phelps fazem uma pegadinha mágica.

18. Draco e Harry *ou* **dois lados da mesma moeda**   143
Tom fala sobre seu respeito por Daniel Radcliffe e sua amizade com ele.

19. Um peteleco no nariz *ou* **Crabbe, Hagrid e o assustador Tom de borracha**   149
Tom nos apresenta alguns dos atores do set de Harry Potter.

20. Uma palavra gentil de Dumbledore *ou* um pouco de ar fresco — 157
Dumbledore chega ao set em sua Ferrari vermelha e Tom recebe um conselho não ortodoxo.

21. O lóbulo da orelha de Alan Rickman *ou* não pisem na p*rra da minha capa! — 165
Os Comensais da Morte deparam com a língua afiada de Alan e Tom revela o que aprendeu trabalhando com a nata artística britânica.

22. Indesejável nº 1 (Parte 3) *ou* o melhor/pior acompanhante do mundo — 173
O irmão de Tom redefine suas obrigações no set e Draco se esquiva de mais uma bala.

23. O jeito Malfoy *ou* um abraço do Voldy — 181
Tom nos apresenta seus pais mágicos e reflete sobre trabalhar com Aquele-Que-Não-Deve-Ser-Nomeado.

24. Tudo passa *ou* a garota do Salão Principal — 189
As filmagens chegam ao fim e um relacionamento começa.

25. Além da magia *ou* sozinho na Lalalândia — 197
Tom vai para Los Angeles e descobre que a vida em Hollywood não é tudo o que ele esperava.

26. A balada do Barney's Beanery *ou* se eu fosse um homem rico — 209
Tom chega ao fundo do poço e três encontros casuais em uma missão noturna o ajudam a aprender o que importa na vida.

27. Tempo bem aproveitado *ou* versões de mim mesmo   227
Tom admite certas verdades sobre si mesmo e coloca
sua recém-descoberta positividade em prática.

Posfácio   237
Tom reflete sobre a importância das histórias e a de
uma história em particular.

Agradecimentos   239

Prefácio Emma Watson

Sabe aquela pessoa na sua vida que faz você se sentir visto? Aquela pessoa que de alguma forma é uma testemunha de tudo o que acontece? Aquela pessoa que sabe – sabe *mesmo* – o que está acontecendo com você e pelo que você está passando sem que nada precise ser dito?

Para mim, essa pessoa é Tom Felton.

Como você lerá neste livro, nosso relacionamento não começou bem. Quando nos conhecemos, eu era uma garota sonhadora e provavelmente irritante de nove anos que o seguia como um cachorrinho, desesperada pela sua atenção. Mas, como ele escreveu de modo tão eloquente, bonito e generoso neste livro, nossa amizade não acabou aí. Sou grata por ela ter florescido e resistido.

Se eu pudesse resumir as histórias de Harry Potter a uma única ideia (e há tantas que estou realmente forçando a barra aqui), com certeza seria o valor da amizade e como nada com verdadeiro significado pode ser atingido sem ela. Amizades são os pilares da existência humana, e agradeço muito pelo fato de que, nos momentos cruciais da minha vida, Tom estava lá para me confortar e entender. A amizade que compartilhamos permitiu que eu passasse por alguns dos momentos mais desafiadores e profundos da minha vida.

Mas chega de falar de mim. Este livro é sobre Tom. Ele tem o coração do tamanho de um planeta. Nunca vi nada assim, mesmo, exceto talvez na mãe dele, Sharon. O fator Felton é real. Você vai ler muito neste livro sobre Chris, o irmão de Tom, que era uma presença comum no set de Harry Potter e que é uma das pessoas mais engraçadas que já conheci. A família toda é especial, e Tom, o mais novo de quatro irmãos, herdou sua bondade e sua natureza genuína.

O que significa que se você conhece Tom, você conhece o Tom *de verdade*. Esse não é o caso com todos os atores. A grande maioria assume uma persona quando interage com o público. É como virar uma chave: eles são muito profissionais, atuam extremamente bem, e a pessoa que estão conhecendo nunca saberá a diferença. Mas não é o seu verdadeiro eu. É algo ensaiado. Tom não faz isso. Tom é sempre Tom. Ele não vira uma chave. Não tem nenhuma chave. O que você vê é a realidade. Ele é incrivelmente generoso com os fãs e com a comunidade ampliada de Harry Potter. Aquela habilidade especial de fazer com que eu me sinta vista se estende a todo mundo. Tom pode ter interpretado um valentão. Pode até ter se sentido como um valentão algumas vezes. Mas acredite em mim: ele não poderia estar mais longe disso. Ele é criativo, sensível e sincero. É uma pessoa que quer amar tudo e todos.

Sócrates disse que a vida não examinada não vale a pena ser vivida. Quando eu vejo quão honestamente Tom refletiu sobre sua vida e suas experiências neste livro, sou lembrada de que ele tem uma quantidade inacreditável de autoconhecimento. Ele foi capaz de rir de si mesmo, bem como reviver momentos de sua vida que lhe foram difíceis ou dolorosos. Ele está numa jornada de autoevolução, e estou com Sócrates quando digo que as pessoas que estão nessa jornada são as únicas pessoas para mim. Mas Tom foi um passo além da maioria: ele expôs essa jornada para nós, seus leitores. Isso é um ato tão generoso, especialmente neste mundo de mídias sociais e notícias instantâneas, em que a polaridade de opiniões torna tão intenso se mostrar completamente como ele fez. Você quer ter uma vida real, verdadeira e examinada, e Tom claramente a tem.

Como Tom, eu sempre tive dificuldade para explicar às pessoas a natureza da nossa conexão e do nosso relacionamento. Por mais de vinte anos agora, nós temos nos amado de uma maneira especial, e eu perdi a conta de quantas vezes me disseram: "Vocês devem ter ficado depois de uma bebedeira, só uma vez!"; "Vocês devem ter se beijado!"; "Tem que ter alguma coisa!". Mas o que nós temos é muito mais profundo que isso. É um dos amores mais puros que eu posso imaginar. Nós somos almas gêmeas, e sempre protegemos um ao outro. E sei que sempre protegeremos. Fico emocionada ao pensar nisso. Às vezes é difícil viver em um mundo no qual as pessoas são tão rápidas para julgar, duvidar, questionar as intenções. Tom não faz isso. Sei que, mesmo que eu cometa um erro, ele vai entender que minha intenção era boa. Sei que ele sempre vai *acreditar* em mim. Mesmo que não conheça a situação inteira, Tom nunca vai duvidar de que eu agi a partir de um lugar de bondade e fiz o meu melhor. Isso é amizade *de verdade*, e ser vista e amada desse jeito é um dos maiores presentes da minha vida.

Nós sempre compartilhamos o amor pelas palavras, por como elas podem ser utilizadas para nos expressarmos melhor. Tom, você é um poeta. O modo como sua mente trabalha e como você expressa as coisas é lindo, encantador, engraçado e carinhoso. Estou tão feliz que você tenha escrito este livro e compartilhado conosco. É um prazer e um presente. O mundo tem sorte por ter você, mas eu sou ainda mais sortuda por tê-lo como amigo.

Chapeau, pequeno pedaço da minha alma. E parabéns.

Londres, 2022

I.
Indesejável nº 1 *ou* o primeiro problema de Draco com a lei

Cartas na mesa: este não vai ser o meu momento de maior orgulho. Na verdade, nem a minha mãe sabe desta história. Então, me desculpe, mãe.

É uma tarde de sábado agitada em uma vibrante cidade britânica. Clientes apressados cuidam de seus afazeres e grupos de adolescentes tumultuam os shoppings, fazendo o que adolescentes fazem. Eles não prestam atenção no garoto de catorze anos magrelo, pálido e com o cabelo descolorido que circula pelos arredores, cercado pelo seu bando. O garoto em questão é este que vos fala, e digo com genuíno arrependimento que planejávamos fazer algo errado.

Você poderia pensar – corretamente – que, com meu distinto visual loiro, eu teria sido bem aconselhado a *evitar* problemas. Você poderia pensar que arranjar encrencas estaria no fim da minha lista. Mas acontece que adolescentes comuns nem sempre fazem a coisa certa – com certeza eles nem sempre fazem a coisa mais *sensata* – , e eu estou me esforçando muito para ser exatamente isso: um adolescente comum.

O que nem sempre é simples quando seu alter ego é um bruxo.

Isso aconteceu no início da minha carreira bruxa, entre o primeiro e o segundo filmes de Harry Potter. O objeto da nossa atenção era a loja de discos HMV em Guildford, Surrey – o lugar certo para passar o tempo naquela época. Era comum os jovens tirarem os CDs da capa e saírem andando com eles debaixo dos casacos, um desafio constante para os pobres seguranças que percorriam os corredores à procura de patifes fazendo coisa errada. Nesse sábado em particular, porém, meu grupo tinha em mente um prêmio maior que meros CDs: um DVD de natureza "adulta" que nenhum de nós, nem de longe, tinha idade suficiente para comprar. Estremeço agora ao lembrar disso. Verdade seja dita, eu estava tremendo por dentro na hora, mas não queria demonstrar porque estava tentando me enturmar com os garotos legais. Até os mais corajosos estavam relutantes em cometer um crime dessa gravidade, com todo o potencial para ser extremamente vergonhoso.

Motivo pelo qual eu me ofereci para levar a tarefa a cabo.

Leitor, eu não era nenhum matreiro Dodger.* Com a palma das mãos suando e o coração acelerado, entrei na loja com uma casualidade excruciante. A jogada inteligente teria sido identificar o objeto de desejo, surrupiá-lo e sair de lá o mais rápido possível. Talvez se eu tivesse um pouco mais da astúcia sonserina em mim, teria feito exatamente isso. Mas não fiz. Em vez de executar um roubo ágil e sutil, eu localizei o DVD e depois dei uma de stalker. Devo ter ido e voltado pelo corredor umas cinquenta vezes, minha pele formigando de apreensão. Até perguntei a um estranho aleatório se ele compraria o DVD para mim para que eu pudesse fingir sucesso para os garotos legais. O estranho corretamente se recusou e eu continuei a minha vigília, indo e vindo pelo corredor.

Indo e vindo...

Indo e vindo...

Deve ter se passado uma hora. Eu honestamente duvido que houvesse um único segurança que não tivesse me descoberto àquela altura. Se eles tinham reconhecido o ladrão mais inepto do mundo como o menino dos filmes de Harry Potter, eu não saberia dizer. O que

---

* Referência ao romance *Oliver Twist*, de Charles Dickens. O personagem Jack Dawkins, também conhecido como Artful Dodger, ou Matreiro, é um jovem batedor de carteira líder de uma gangue de crianças. [N.E.]

sei é isto: meu estilo de cabelo era bastante distinto, se não completamente esquisito. Chamava muita atenção, e tornou impossível que eu me misturasse com o cenário.

Gostaria de não ter me voluntariado. Eu sabia que era burrice. Mas não podia colocar o rabo entre as pernas e sair da loja de mãos vazias, então finalmente respirei fundo e mergulhei. Fingindo olhar para o teto, com os dedos suados e atrapalhados rasgando desajeitadamente o selo de segurança, eu removi o disco brilhante de seu estojo plástico, coloquei-o no bolso e andei rapidamente em direção à saída.

Eu tinha cumprido a tarefa! Podia ver meu grupo do lado de fora e lancei a eles um sorrisinho de cumplicidade. Podia sentir a animação deles.

Então... desastre!

Eu mal tinha dado um passo para fora da loja quando três seguranças corpulentos me cercaram. Meu estômago congelou enquanto eles me escoltavam – educadamente, mas com firmeza – de volta para dentro. Atravessei a loja com muita vergonha, a cabeça baixa, todos os olhos em mim, esperando desesperadamente não ser reconhecido. Os personagens ainda não eram tão icônicos, mas sempre havia uma chance. Os seguranças me levaram até uma pequena cabine nos fundos da loja, onde me rodearam, com rostos sombrios, e me pediram para esvaziar os bolsos. Entreguei-lhes o disco encabuladamente e então pedi a eles – *implorei* a eles – que não fizessem a única coisa que tornaria toda aquela aventura lamentável dez vezes pior. "Por favor", eu disse, "*por favor* não contem para minha mãe!". Se ela descobrisse, a humilhação seria insuportável.

Eles não contaram para minha mãe. Mas me posicionaram contra a parede, trouxeram uma câmera Polaroid e tiraram uma foto instantânea do meu rosto. Os seguranças colocaram a foto na parede, parte de uma galeria de malfeitores com os criminosos durões que tentavam prejudicar a loja, e me disseram que eu tinha sido banido para sempre. Eu nunca mais poderia pisar na HMV.

Nenhuma chance de isso acontecer, amigo. Com as bochechas queimando, saí correndo o mais rápido possível e não olhei para trás.

Meus amigos haviam fugido ao avistar os seguranças, então peguei sozinho o trem para casa, para deixar a poeira baixar.

Quanto tempo aquela foto do loiríssimo Tom ficou pendurada na parede da HMV? Quem sabe? Talvez ainda esteja lá. Mas por semanas após o incidente eu morri de medo de que a Warner Brothers ou os jornais descobrissem sobre a minha tola indiscrição. Eu nunca contei para ninguém, mas o que aconteceria se alguém reconhecesse a minha foto? Eles me demitiriam? O próximo filme traria Harry, Rony e Hermione aterrorizados por um Draco diferente? A natureza humilhante do meu conflito com a lei se tornaria um hilário prato cheio para consumo do público?

Como eu disse, me esforcei muito para ser um adolescente comum. Na maioria dos aspectos, mesmo apesar de tudo que o futuro reservava, acho que me saí muito bem. Mas há uma linha tênue, quando você cresce sob o olhar público, entre ser normal e ser inconsequente. Eu cruzei essa linha naquela tarde de sábado, sem dúvida. E embora o jovem Tom Felton não fosse o Draco Malfoy, tampouco era um santo. Talvez tenha sido por isso que consegui o papel para começo de conversa. Vou deixar que você julgue por si mesmo.

Ah, e nós nunca conseguimos assistir àquele DVD.

2.
Minha família trouxa *ou* o fracote do grupo

Draco Malfoy, o personagem pelo qual eu ficaria mais famoso, era filho único, nascido em uma família fria e brutal. A minha própria família não poderia ser mais diferente. Unida, amorosa, caótica e acolhedora, os primeiros anos da minha vida giraram ao redor dela. Sou o mais novo de quatro irmãos, e antes de apresentar você ao meu pai e à minha mãe, quero contar sobre os meus três irmãos. Cada um deles me influenciou profundamente de maneiras distintas, e eu teria sido uma pessoa muito diferente sem eles.

Meus irmãos lhe diriam com prazer que sou o fracote do grupo. Pelo menos é isso que eles costumavam me dizer carinhosamente. (Eu *acho* que era brincadeira, mas você sabe como é entre irmãos.) Eu sou o mais novo dos quatro. Jonathan, Christopher e Ashley vieram em conjunto, três garotos em um período de quatro anos. Então houve seis anos de descanso para minha mãe antes que eu chegasse, em 22 de setembro de 1987. Assim, desde o momento em que vim ao mundo eu tinha três irmãos mais velhos para manter meu traseiro fora do sofá e meus dedos longe do controle remoto. Três irmãos mais velhos para me perturbar com amor. Três irmãos mais velhos para zombar que eu cheguei tão tarde não porque fui um pensamento secundário, mas porque na verdade era filho do leiteiro. (Eles eram, e ainda são, consideravelmente maiores que eu, todos com mais de 1,80m e a constituição física de um tanque.) Resumindo, três caras mais velhos para me colocar firmemente no lugar – o que não me parece algo ruim para uma criança que está prestes a embarcar em uma carreira bruxa.

Meus irmãos não me chamavam só de "fracote". Se estivessem se sentindo generosos, eles também poderiam se referir a mim como "lombriga". Mas nem tudo era ruim: eles também tiveram uma enorme influência positiva em mim ao longo da minha infância incomum, embora de maneiras ligeiramente distintas.

Jonathan – nós o chamamos de Jink – é o mais velho e, no passado, foi ele o primeiro a me mostrar, por meio do exemplo, que era legal ter paixão pelas artes. Jink era aquele com o pôster do Oasis na parede e a Stratocaster preta – ou pelo menos uma cópia de uma Strat – no quarto. Ele gostava de música, de cantar e de atuar – vocações que muitas crianças nem sempre são encorajadas a seguir. Isso poderia ter acontecido comigo se não fosse por Jink. Quando eu era muito novo, ele fez aulas de teatro e nós íamos assisti-lo no palco. Os atores eram apenas crianças, no máximo pré-adolescentes, e sejamos honestos: aquelas não eram produções polidas, profissionais. Jink hoje é um quiropraxista – um talento desperdiçado, como ele me lembra frequentemente – , mas também é um cara profundamente criativo. Lembro-me de vê-lo em musicais como *Ao Sul do Pacífico, Amor, Sublime Amor, Garotos e Garotas* e, o mais memorável, *A Pequena Loja dos Horrores*. Foi sentado nessas plateias, com os olhos arregalados, que aprendi uma lição importante e edificante: não era estranho fazer essas coisas e parecia divertido. Ver meu irmão mais velho lá em cima me ensinou que tudo bem querer atuar, não importa o que as outras pessoas pensem.

Então, valeu, Jink. O que nos leva ao irmão número dois.

Chris? O completo oposto. "Atuar é patético, mano! Dançar? Sai fora!"

Chris é o segundo mais velho do quarteto Felton e a probabilidade de ele colocar uma malha rosa e fingir ser a Fada Madrinha é a mesma que teria de voar. E eu devo dizer que é uma pena, porque ele ficaria uma graça de tutu. Enquanto Jink é um pouco mais sensível às alterações emocionais daqueles ao seu redor, com Chris, o que você vê é a realidade. Então talvez seja inesperado que Chris tenha sido o irmão de quem eu era mais próximo durante os anos de Harry Potter, o irmão que cuidou de mim, manteve meus pés no chão e exerceu a maior influência sobre o Tom adolescente. Chris me acompanhou por dois filmes e meio. Eu digo *acompanhou*, mas o que quero dizer mesmo é que ele dormiu no trailer e fez bom uso do serviço gratuito de bufê do set – mais sobre isso depois. Por enquanto, é o suficiente dizer que Chris nem sempre levava totalmente a sério suas atividades de acompanhante. Com bastante frequência, nós saíamos do estúdio às oito da noite e dirigíamos por mais de uma hora, direto para o nosso pesqueiro local. Montávamos nossa barraca, pegávamos as varas e aproveitávamos uma pescaria noturna. Então, às seis da manhã, recolhíamos as linhas, arrumávamos o equipamento, voltávamos (ligeiramente enlameados) para o set e fingíamos para as boas pessoas da Warner Brothers que eu havia passado a noite toda em casa, dormindo tranquilamente. Se você acha que o Draco às vezes parecia um pouco pálido, isso não é mérito só do departamento de maquiagem.

Houve um tempo no qual, aos meus olhos – e aos olhos da maioria das pessoas, acredito – , não havia dúvida de que Chris se tornaria o Felton mais famoso. Seu motivo para a fama? Ele era um dos pescadores de carpa mais promissores da Inglaterra. Há uma comunidade muito unida desses pescadores de carpa e, entre eles, Chris era com certeza alguém a se acompanhar. Ele apareceu na capa das revistas *Carp Talk* e *Big Carp* diversas vezes por capturar peixes famosos em lagos famosos, o que me favoreceu entre meus contemporâneos que gostavam de pescar. Eles o admiravam imensamente e eu era definitivamente considerado mais legal por ser irmão de Chris. E como eu o admirava também, nós costumávamos passar basicamente todo o tempo livre que tínhamos pescando juntos. Deve ter sido difícil para ele quando Potter mudou a vida de todos nós: em um minuto Chris é conhecido por ser um dos melhores pescadores da Grã-Bretanha, no minuto seguinte todo mundo o está chamando de irmão do Draco Malfoy e gritando "Na sua vassoura, amigo!". Chris, no entanto, tirou isso de letra, e apesar de tudo o que aconteceu comigo ele foi realmente meu herói enquanto eu crescia. Ele me apresentou a diversos estilos de música – Bob Marley, The Prodigy, Marvin Gaye e 2Pac – , o que se tornaria uma das minhas paixões para a vida. Também me apresentou a outros passatempos menos inocentes. Vamos chegar lá. Pescar, contudo, era nossa obsessão.

Graças ao Chris, eu era uma presença comum nos pesqueiros Bury Hill, em Surrey, e até trabalhei lá nos finais de semana no comecinho de Harry Potter, emprego que aceitei pelo dinheirinho extra e pela promessa de pescaria grátis. Minha principal função era ajudar no estacionamento, então todos os sábados e domingos eu estava lá às seis da manhã guiando os pescadores ansiosos pelo minúsculo estacionamento, escondendo meu cabelo descolorido ao estilo Malfoy sob um gorro. Depois, eu engolia um sanduíche de bacon antes de circular pelo lago com uma sacola de couro marrom cheia de moedas, vendendo tickets para os pescadores.

Eu não era, devo admitir, o trabalhador mais responsável. Em certa ocasião, fui ao flat do Chris para assistir a uma grande luta de boxe que ia passar no Reino Unido às quatro da manhã. Eu estava muito animado, e consegui ficar acordado até o exato momento em que a luta começou, quando o pequenino Tom de doze anos capotou. Meu irmão me acordou duas horas depois para ir trabalhar. Consegui chegar, mas fui acordado uma segunda vez quando o dono me encontrou cochilando embaixo de uma árvore. Nesse meio-tempo, os clientes tinham estacionado sozinhos e o lugar inteiro estava uma bagunça total. Desculpe, chefe.

Você poderia pensar que os clientes do pesqueiro teriam achado estranho ver o Draco Malfoy lhes dizendo onde colocar suas 4×4 e recebendo seu dinheiro, mas eu consegui permanecer razoavelmente anônimo. Na verdade, posso contar nos dedos de uma mão as vezes em que fui reconhecido. A clientela do pesqueiro era formada por um tipo bem particular de velho rabugento, ou assim me parecia à época. Nenhum deles teria me reconhecido e, vou lhe dizer, o número de garotas adolescentes chegando para pegar carpas no alvorecer de um sábado era limitado. Ocasionalmente, algum jornalista aparecia e escrevia alguma coisa sobre minha carreira trouxa, e de vez em quando o dono do pesqueiro aproveitava para angariar um pouco de publicidade para si mesmo. Mas em geral me deixavam aproveitar o trabalho. E eu o aproveitava mesmo, não por causa das vinte libras em espécie que recebia em mãos a cada dia de trabalho, mas pela pescaria grátis. Essa era a maior atração para Chris e eu. Nós éramos obcecados pelos peixes, claro, mas éramos ainda mais obcecados por tudo que os envolvia: a lua e as estrelas, a proximidade com a natureza, as varas, os carretéis, as barracas e, é claro, os *boilies*. *Boilies* são um tipo de isca do tamanho de uma bola de gude grande que você prepara na cozinha com todo tipo de ingredientes nojentos e fedidos, como fígado de lula e caranguejo-monstro – itens que não ficariam deslocados numa aula de Poções. Nós costumávamos cozinhar os *boilies* em casa, para a completa exasperação da minha mãe com a bagunça e o fedor, jurando de pés juntos que *iríamos* de fato limpar tudo antes de ir para o nosso amado pesqueiro.

    Meu terceiro irmão, o que tem a idade mais próxima da minha e, portanto, em alguns aspectos é o irmão com quem dividi a maior parte da minha infância, é Ash. Diferentemente dos mais velhos, nossa idade era próxima o bastante para que frequentássemos a mesma escola ao mesmo tempo. (E pense nisto: é útil ter um irmão mais velho no local, especialmente se ele tiver o tamanho que Ash tinha na época.) Ash e eu compartilhamos um senso de humor muito particular; nós sempre assistíamos a *Os Simpsons* ou *Beavis e Butt-Head* juntos. Mesmo hoje eu falo com ele usando mais a voz do Beavis que a minha própria. Às vezes precisamos nos segurar quando estamos em público. Nós praticávamos esportes juntos – depois de assistir a *Space Jam*, importunamos meu pai para fazer uma cesta de basquete no jardim, e depois de assistir a *Nós Somos os Campeões*, tivemos uma fase em que queríamos ser jogadores de hóquei.

    Ash tem um coração enorme, meu senso de humor favorito e é um dos caras mais legais do mundo, mas sofreu extremamente com graves alterações emocionais na pré-adolescência, a ponto de, ao atingir a adolescência, não querer mais ir para a escola ou mesmo sair de casa. O sentimento constante de não estar exatamente feliz com quem era fez com que acabasse passando longos períodos em hospitais. Lembro-me de visitá-lo frequentemente após a escola em um hospital em Guildford. Gostaria de dizer que encarei aquelas visitas com sensibilidade e paciência, mas eu era muito novo e acho que não entendia completamente o que estava acontecendo, então na verdade me lembro apenas de perguntar à minha mãe quando poderíamos ir embora.

Quando Ash estava se sentindo melhor e pôde ir para casa, nós felizmente voltamos a rir juntos. Mas as dificuldades dele na adolescência foram o prenúncio dos problemas de saúde mental dos irmãos Felton restantes – inclusive os meus. Falo mais sobre isso depois, mas por enquanto tenhamos em mente que tal predisposição existe entre nós, e alguns problemas são difíceis de superar. Eles sempre te alcançam no final.

Então temos aí: três irmãos mais velhos, cada um próximo de mim de maneiras diferentes. Sou profundamente consciente de que meu envolvimento em Potter afetou a vida deles de modo irreversível: eles serão para sempre, em algum nível, conhecidos como irmãos do Draco Malfoy. Porém tenho igual consciência de que cada um deles exerceu uma influência distinta sobre o jovem Tom. Jink: a criatividade e o amor pela atuação. Chris: a paixão pelo ar livre e a natureza autêntica. Ash: o senso de humor e uma noção precoce de que não há luz sem sombras. Todas importantes lições de vida. E embora eu possa muito bem ser a lombriga – o fracote do grupo –, não seria a pessoa que sou hoje sem eles.

Como muitas crianças, eu me entusiasmava cada hora com uma coisa. E uma das minhas grandes vantagens na vida foi ter uma mãe que me encorajava, mas não me pressionava a persistir em nenhuma dessas coisas.

Nós fomos criados confortavelmente em uma casa agradável chamada Redleaf, de frente para uma fazenda em Surrey. Era um lugar feliz, agitado e acolhedor. Nosso prazer semanal era o passeio até o mercado de pulgas de Dorking, onde vinte centavos podiam te levar longe e, se tivesse cinquenta centavos no bolso, você ria à toa. Tenho certeza de que meu pai – um esforçado engenheiro civil – me perdoará por dizer que ele é notadamente cuidadoso com o dinheiro. Já o vi pechinchando em bazares de caridade! É a razão pela qual nunca passei fome um dia sequer, claro, mas acho que se tornou uma tensão entre meus pais nos últimos anos de seu casamento. Era minha mãe quem dizia: "Eu realmente acho que precisamos comprar um violino para o Tom, ele diz que quer aprender". Ao que meu pai respondia, não sem razão: "Nós acabamos de comprar para ele um taco de hóquei! Ele já cansou do hóquei?".

E a resposta era sim, provavelmente eu tinha cansado do hóquei. Havia seguido em frente, visto alguma outra coisa que capturou minha atenção, como uma pega-rabuda* distraída por um novo objeto brilhante. Isso enlouquecia meu pai, mas minha mãe ficava animada com cada nova paixão, por mais efêmera que fosse, e era determinada a não deixar meu entusiasmo minguar. Nunca senti nenhum indício de irritação ou julgamento por parte dela quando a última atração inevitavelmente desvanecia; nem uma sobrancelha levantada quando, três meses após receber meu violino, comecei a faltar às aulas de música, me escondendo no banheiro, e me tornei obcecado com meu novo e irado ioiô. Eu não culparia meu pai por querer quebrar aquele violino na minha cabeça. Minha mãe, no entanto, ficava feliz em me encorajar a ser o tipo de garoto com paixões, mas sem me forçar a ficar preso a elas quando algo novo aparecia.

---

* Espécie de ave comum na Europa, considerada uma das mais inteligentes, conseguindo imitar a voz humana (como um papagaio) e reconhecer o próprio reflexo no espelho. Também costuma gostar de objetos brilhantes, levando-os para o ninho se tiver a oportunidade. [N.T.]

Isso não quer dizer que meu pai não participasse. Ele participava muito. Era ótimo em construir coisas e, se queríamos algo, ele tentava fazer. Construiu para nós uma elaborada cesta de basquete, uma rede de hóquei e até instalou uma rampa de skate no jardim depois de nos consultar para saber exatamente o que queríamos. Frequentemente, meu pai podia ser encontrado na oficina à meia-noite, serrando algo, fazendo para nós essas coisas incríveis, muitas vezes a partir de materiais "emprestados" do depósito de lixo local.

Havia algumas coisas, porém, que ele não conseguia fazer, e mesmo que conseguisse, nós não queríamos a sua tentativa caseira. Queríamos o objeto brilhante com a etiqueta que todos os nossos amigos tinham. Cabia à minha mãe bancar esses desejos; então, além de cuidar de quatro garotos (cinco, incluindo meu pai), ela encontrava tempo para trabalhar em múltiplos empregos para ganhar um dinheiro extra. Trabalhava para o corretor de imóveis local, mas também estocava prateleiras e limpava escritórios à noite com sua amiga Sally – nós a chamávamos de tia Sally –, que sempre fez parte da minha vida e até me acompanhou no set por um tempo. Tudo isso porque eu queria um ioiô novo ou Ash queria uma bola de basquete com o logo da Air Jordan em vez daquela vendida por um quinto do preço na Woolworths. O que quer que chamasse nossa atenção, minha mãe fazia o possível para transformar em realidade.

Resumindo: minha mãe é uma enorme razão para eu estar onde estou, mesmo nunca tendo me pressionado para ser ator. Eu poderia ter escolhido ser um violinista profissional, ou um goleiro de hóquei no gelo, ou um jogador de ioiô. Não teria importado para ela qual atividade eu acabasse seguindo, mas uma coisa é certa: o que quer que fosse, minha mãe teria me ajudado a chegar lá.

Meu pai era e ainda é o brincalhão do grupo. Ele ama não se levar muito a sério e sempre encontra uma maneira de fazer uma piada ou algum tipo de comentário autodepreciativo. Pense em Del Boy,[*]

---

[*] Personagem da série britânica da comédia *Only Fools and Horses*. [N.E.]

Blackadder* e Basil Fawlty** juntos em um só. É um traço que eu herdei dele e do qual faço uso até hoje. No meu trabalho, você se encontra muitas vezes em situações nas quais conhece pessoas novas e precisa quebrar o gelo rapidamente. Sempre tento exercitar um pouco daquele humor que desarma, daquela palhaçada, uma técnica que aprendi com meu pai.

    O trabalho dele como engenheiro civil incluía lidar com grandes projetos de construção em locais ao redor do mundo, o que por sua vez significava que às vezes meu pai não estava em casa. Conforme fui crescendo, no entanto, o trabalho o levou ainda mais para longe. Essa ausência apenas se tornou mais aparente quando ele e minha mãe se separaram. Meus pais foram casados por 25 anos, e com certeza me lembro deles demonstrando afeto, especialmente durante nossos acampamentos anuais. Lembro-me deles chamando um ao outro de "ursinho" e "querida". Próxima cena: eu sentado na escada ouvindo alguma coisa bem diferente – não brigas, mas interações que revelavam uma evidente falta de intimidade. Mais ou menos na época do primeiro filme de Harry Potter, me lembro da minha mãe me levando para a escola e me dizendo, de modo bem casual: "Seu pai e eu vamos nos divorciar". Não houve um grande alarde. Foi um momento pragmático tipicamente britânico. E não me lembro de ter sentido qualquer traço de aflição na hora, nem de raiva quando minha mãe contou que meu pai havia conhecido outra pessoa. Eu tinha apenas doze anos, afinal, e provavelmente estava mais preocupado em decidir que garota tentaria xavecar no pátio aquele dia.

    Depois disso, meu pai passava a semana fora de casa e voltava aos finais de semana, quando minha mãe ia ficar com a irmã dela, minha tia Lindy. Uma configuração incomum, eu acho, que durou alguns anos. Era ótimo para nós como adolescentes porque significava que, aos finais de semana, podíamos nos safar de praticamente qualquer

---

* Edmund Blackadder, personagem da série britânica pseudo-histórica de comédia *The Blackadder*. [N.E.]

** Protagonista da série britânica de comédia *Fawlty Towers*. [N.E.]

coisa. Quando minha mãe estava perto, você mal podia abrir um maço de cigarro a oitocentos metros de distância sem ela gritar: "O que vocês estão tramando, garotos?". Com o meu pai, era tudo um pouco mais descontraído. Lembro-me dele descendo as escadas às três da manhã de um sábado para encontrar dois amigos e eu fazendo panquecas na cozinha. "Que raios vocês estão fazendo?", ele exigiu saber.

"Hã, panquecas."

Ele deu de ombros. "Ok", respondeu. Então sorriu e voltou para a cama.

O divórcio dos meus pais não me chateou como poderia chatear outras crianças. Eu não queria que eles ficassem morando juntos e sofrendo só porque pensavam que era o melhor para mim. Se eles eram mais felizes separados, isso fazia todo o sentido para mim. Mesmo quando minha mãe e eu nos mudamos de Redleaf, o único lar que eu conhecia, para uma casa muito menor em um conjunto habitacional nas proximidades, lembro-me de estar satisfeito por ela parecer mais feliz. E quando ela amenizou o golpe da mudança de casa concordando em assinar tv a cabo, eu não queria mais nada. É incrível o que parece importante quando somos crianças.

Meu pai tinha, acho que é justo dizer, reservas a respeito do meu envolvimento precoce na indústria cinematográfica. Ele não estava particularmente preocupado com a fama na infância, mas tinha a preocupação de que eu não estivesse passando tempo o suficiente com pessoas comuns, ou trouxas, para usar uma palavra melhor. Posso entender sua desconfiança. Meu pai se esforçou demais para chegar aonde estava. Tinha quatro filhos aos 26 anos. Sabia o valor de uma libra e fazia questão, eu acho, de que seus filhos soubessem também. Queria que nós aprendêssemos e replicássemos sua ética profissional tão forte. Deve ter sido estranho para o meu pai quando eu, ainda muito jovem, comecei a ganhar meu próprio dinheiro atuando, sem ter de trabalhar tanto quanto ele. Talvez seu papel paterno tenha sido roubado. Em uma situação como essa, seria natural que ele se afastasse um pouco.

Às vezes isso se manifestava de maneiras que eu achava difícil aceitar. Na estreia do quarto filme de Harry Potter, quando minha mãe e meu pai estavam sentados comigo cada um de um lado, ele me provocou quando os créditos começaram a subir, dizendo: "Bem, você não apareceu muito, não é?". Sua falta de entusiasmo pareceu dura na hora, mas com o benefício da visão retrospectiva eu me pego enxergando a situação de um jeito diferente. Agora eu sei, depois de conversar com amigos e colegas dele, o modo como meu pai falava de mim quando eu não estava lá. Agora sei que ele tinha muito orgulho de mim. Agora eu também sei que é um traço típico da masculinidade britânica, essa relutância em expressar emoções e dizer o que você pensa de verdade. Não acredito nem por um segundo que as reservas do meu pai sobre a indústria cinematográfica significassem que ele não tinha orgulho ou não se importava comigo. Acho que apenas não sabia como dizer. Ele estava tentando lidar com uma situação peculiar, e não deve ter sido fácil.

Atuar me deu um nível de independência incomum para uma criança, mas meu pai também foi decisivo no desenvolvimento desse lado meu. Quando eu tinha nove anos, ele me levou junto em uma viagem de negócios a Amsterdã. Lembro-me dele sentado do lado de fora de um café em uma grande praça e me dizendo: "Muito bem, pode ir". Eu não tinha dinheiro nem sabia exatamente onde estava, porém ele insistia que eu deveria ser encorajado a me virar sozinho. Naquela época parecia indiferença, mas agora entendo que foi uma parte crucial do meu desenvolvimento. Meu pai sabia que eu poderia me perder, mas se isso acontecesse no fim eu encontraria meu caminho de volta. Eu poderia entrar em um museu do sexo e ser imediatamente expulso, mas sem prejuízo nenhum. Eu poderia cair de cara, contudo, se isso acontecesse, aprenderia como me levantar. Todas essas seriam importantes lições. Mais adiante haveria momentos na minha vida em que eu *cairia* de cara e *teria* de me levantar. Sou muito grato ao meu pai por aquela lição precoce e por tudo mais que ele fez por mim.

Nos anos que se seguiram, eu me veria fazendo parte de uma família diferente. Uma família bruxa. Minha família trouxa, contudo, era como a maioria das famílias: amorosa, complexa, ocasionalmente falha, mas sempre estava ao meu lado. E além das bolas de basquete e das palhaçadas, eles se esforçaram muito para me fornecer a única coisa que poderia ter facilmente faltado quando a minha vida deu uma guinada incomum: eles me deram uma dose saudável de normalidade.

3. Os primeiros testes *ou* Mamãe Gansa!

Eu me tornei Draco Malfoy porque minha mãe tinha um pedaço de vidro no pé.

Vou explicar.

Eu não fui uma criança prodígio. Claro, eu havia aprendido com meu irmão mais velho Jink que era legal que eu me interessasse por atividades criativas de todo tipo. Claro, minha mãe sempre me apoiou no que quer que chamasse minha atenção em determinado momento. Mas eu nasci entusiasmado, não talentoso.

Isso não é falsa modéstia. Eu *tinha* alguma habilidade para cantar. Todos os quatro irmãos Felton cantavam no coral da igreja de St. Nick, em Bookham (embora, a fim de ser totalmente honesto, eu deva dizer que Chris foi expulso por roubar docinhos da confeitaria). E uma renomada escola de coral me convidou para estudar lá, porque eu era um rapazinho angelical, mas, assim que eles me fizeram a oferta, eu desatei a chorar porque não queria mudar de escola e deixar meus amigos. Minha mãe, como era típico dela, me disse que não tinha problema – porém até hoje ela menciona, de vez em quando, o fato de que fui aceito lá. Essa é minha mãe. Então, a primeira vez que eu me lembro de estar em uma posição de destaque não foi por causa da minha atuação. Foi cantando o solo de "O Little Town of Bethlehem" em um Natal na igreja de St. Nick.

Além da minha passagem pelo coral, eu também frequentei um curso livre de teatro no Fetcham Village Hall, perto de casa. Era toda quarta-feira à tarde: quinze ou vinte crianças entre seis e dez anos caoticamente encenando uma peça a cada três meses para as mães e os pais. Nada sério, apenas os pequenos se divertindo. E vale a pena repetir: eu não tinha nada de especial. Eu definitivamente queria ir às aulas de teatro, mas minha principal memória das apresentações é de vergonha, não de glória. Em uma das produções – deve ter sido *Um Conto de Natal* – eu recebi o papel artisticamente satisfatório e tecnicamente árduo de "Boneco de Neve Número 3". Minha mãe e minha avó se esforçaram muito para fazer uma fantasia de boneco de neve para mim, que era composta de duas estruturas de arame cobertas de tecido, uma para o corpo, outra para a cabeça. Era um pesadelo vestir aquilo, e eu ainda me lembro da ignomínia de ficar nos bastidores e, espiando por uma fresta na cortina, ver três ou quatro garotos dando risadinhas abafadas do pequeno Tom Felton parado lá de bumbum de fora, braços para cima, enquanto me vestiam com minha roupa de boneco de neve. Acabei me acostumando a ser fotografado o tempo todo, mas sou grato por não existir uma prova fotográfica desse momento específico.

Em outra ocasião, encenamos *Bugsy Malone: Quando as Metralhadoras Cospem*. Depois da minha atuação de boneco de neve digna de um Oscar, fui promovido a "Árvore Número 1". Os papéis principais foram oferecidos às crianças mais velhas que tinham a crucial habilidade de falar de maneira coerente. Eu fui um dos mais jovens a quem se confiou uma única fala, com uma linha, decorada rigorosamente, ensaiada assiduamente. Fiquei na fila no palco improvisado, esperando pacientemente a minha deixa.

E esperando.

E esperando.

Ensaiando a fala na minha cabeça.

Me preparando para o meu momento de glória.

E aí, de repente, percebi um silêncio absoluto. Todo mundo estava olhando para mim com expectativa. Era o meu momento, e minha mente estava em branco. Então fiz o que qualquer jovem ator que se preze faria: desatei a chorar e cambaleei para fora do palco tão rápido quanto meus galhos permitiram. Depois da apresentação, corri até minha mãe, cheio de lágrimas e pedidos de desculpa. "Desculpa, mãe.

Desculpa mesmo!" Minha mãe me confortou, me disse que não havia problema, que aquilo não tinha feito a menor diferença para a história. Mas até hoje sinto a vergonha. Eu tinha decepcionado meu grupo!

Em resumo, minha carreira de ator não teve o início mais auspicioso. Eu gostava bastante de atuar, porém não era excelente. Então comecei a ter mais lição de casa, e minha breve paixão pelas aulas de violino chegou. Eu disse à minha mãe que achava que não teria mais tempo para as aulas de teatro, e foi isso.

Só que não.

A mulher que coordenava as aulas de teatro era uma senhora muito passional e dramática chamada Anne. Quando minha mãe disse a ela que eu pararia de frequentar as aulas, a resposta foi especialmente elaborada: "Não, não, não! Esta criança *pertence* às artes! Você precisa me *prometer* que vai levá-lo a Londres para conseguir um agente. Ele tem um talento *nato*! Seria um desperdício *terrível* se ele não o usasse!".

Tenho certeza absoluta de que ela dizia isso para muitas crianças que abandonavam as aulas. Eu não tinha demonstrado nenhum talento especial naquelas quartas-feiras depois da escola. Muito pelo contrário. Aquilo era certamente apenas o pronunciamento melodramático de uma senhora teatral. Mas ela era persistente e suas palavras plantaram uma semente no meu cérebro. Talvez eu *conseguisse* um agente. Isso seria bem legal, não? Talvez o mundo das artes cênicas tivesse algo mais para mim além dos papéis de Boneco de Neve 3 e Árvore 1. Comecei a importunar minha mãe para ela fazer exatamente o que Anne havia sugerido: me levar a Londres para fazer um teste em uma agência.

Minha mãe era uma mulher ocupada, com todos os trabalhos extras que ela pegava para que os filhos sempre estivessem equipados com bolas de basquete, varas de pescar e violinos. Normalmente, ela nunca teria conseguido fazer malabarismo com tudo aquilo e ainda arranjar tempo para me levar de trem até Londres para satisfazer um capricho desses, mas é aí que entra o pedaço de vidro. A lasca já estava no pé dela fazia muito tempo, porém, como a maioria das mães, ela apenas seguiu com a vida, deixando suas próprias necessidades em segundo lugar. Mas acabou chegando o momento em que ela precisou tratar aquilo. A lasca foi removida e minha mãe ficou andando de muletas por um tempo. Para mim, aquilo era importante: significava que ela teria uma semana de licença do trabalho. Então, com a minha insistência em um ouvido e a persuasão de Anne no outro, ela sugeriu que fizéssemos a viagem até Londres.

Pegamos o trem em Leatherhead, minha mãe segurando seu guia de ruas de confiança em uma mão e uma muleta na outra. Nosso destino era a agência Abacus, um escritório minúsculo após três lances de escada em algum lugar no centro de Londres. Eu me sentia bastante corajoso quando disse olá, me apresentei e me sentei. Eu tinha três irmãos mais velhos, lembra? Isso ensina você a falar com pessoas mais velhas. O processo dos testes – pelo menos foi o que me pareceu na hora – consistia simplesmente em garantir que você não fosse um completo idiota ou absurdamente tímido na frente das câmeras. Eles me deram alguns parágrafos de *O Leão, a Feiticeira e o Guarda-Roupa* para ler e constataram que, ao contrário de ficar tímido na frente das câmeras, tudo o que eu queria fazer era mexer nelas e entender como funcionavam. Tiraram uma foto minha para colocar no *Spotlight*, uma espécie de catálogo de atores, e me mandaram para casa. Eu não fiz nada além do que imagino que um monte de crianças faça toda semana, mas devo ter feito alguma coisa direito, porque algum tempo depois o telefone tocou. Era a agência Abacus me oferecendo a oportunidade de gravar um comercial nos Estados Unidos.

Você sempre se lembra dos telefonemas – o arrepio de empolgação quando escuta que conseguiu o trabalho. Aquela primeira vez não foi exceção. Eu tinha acabado de fazer sete anos e eles estavam me dando a chance de ir para os Estados Unidos, algo que nenhum dos meninos Felton tinha feito. Eu não faria apenas uma viagem de duas semanas para os Estados Unidos: faria uma viagem de duas semanas pelas melhores partes do país. O trabalho era para uma companhia de seguros chamada Commercial Union, e o tema do anúncio era "invista conosco e, quando você for um senhor idoso, vai poder levar seu neto para a melhor *road trip* da vida". Eles precisavam de uma criança bonitinha para ser o neto, para ficar no lugar certo segurando a mão do avô nos pontos mais legais dos Estados Unidos, nenhum talento era necessário. Prazer, Tom.

Minha mãe foi comigo, claro. Viajamos para Los Angeles, Arizona, Las Vegas, Miami e Nova York. Eles reservaram hotéis para nós, uma novidade para a gente. Minha mãe sempre ficava especialmente feliz quando nos hospedávamos em algum que tivesse mesa de bilhar, porque isso me mantinha em silêncio por horas, e eu também andava vidrado em uma coisa incrível chamada Cartoon Network – outra novidade –, o que significava que eu poderia assistir a desenhos animados *o dia inteiro*. Também entendi pela primeira vez que determinados hotéis tinham um sistema especial: você pega o telefone, liga para alguém na recepção e eles te levam comida! No meu caso: batata frita! Eu me lembro da minha mãe ligando meio sem graça para os produtores e perguntando se tudo bem pedir umas batatas fritas para mim e colocar na conta do hotel. Imagino que ela tenha sido uma mudança revigorante em relação às mães-tigres de crianças estrelas com as quais eles estavam acostumados. Nós não fazíamos pedidos absurdos. Eu ficava perfeitamente feliz sentado no quarto assistindo a *Johnny Bravo* com um prato de batatas fritas.

Nosso primeiro dia de gravação foi na Times Square, talvez a armadilha turística mais movimentada de Manhattan e bem diferente da Surrey, que é repleta de vegetação, e do Fetcham Village Hall, centro comunitário da cidade. Barreiras separavam o elenco dos pedestres e do trânsito. Havia pessoas para arrumar meu cabelo, fazer minha maquiagem e me vestir. Eu estava lá usando o gorro e o casaco vermelho enorme e volumoso que eram meu figurino e aos poucos comecei a perceber pessoas acenando e aplaudindo. Eu me virei para olhar e entendi que os aplausos eram para mim! Sorri e acenei de volta animado, e elas aplaudiram um pouco mais. Aquilo era bem divertido. Eu já era famoso! Que demais! Exceto, é claro, que eu não era famoso.

Eu era completamente desconhecido. O que aconteceu foi que, por causa do meu rostinho angelical, do meu gorro e do meu casaco volumoso, pensaram que eu fosse o Macaulay Culkin usando o figurino de *Esqueceram de Mim*, ou talvez o irmão mais novo dele. Desculpe, Macaulay, por roubar seus fãs, mesmo que tenha sido só por um dia.

Eu não liguei. Aquilo era empolgante e novo e eu adorei. E havia algo de premonitório em ser confundido com Macaulay Culkin – que foi selecionado, em *Esqueceram de Mim*, pelo diretor Chris Columbus – porque seria Chris que mais tarde me selecionaria para interpretar Draco Malfoy nos filmes de Harry Potter.

Eu recebi a magnífica quantia de 200 libras por aquele primeiro comercial, mas era muito novo para entender direito o que aquilo significava. Ainda estava feliz por meus vinte centavos no mercado de pulgas de Dorking, não se esqueça, e estava bem mais animado com o casaco vermelho brilhante que eles tinham me deixado levar para casa. Eu amava aquele casaco volumoso. Mas também estava pilhado por causa da experiência e louco para contar para todo mundo como tinha sido. Eu costumava frequentar um clube para crianças no centro de lazer de Leatherhead, chamado Crazy Tots,* e mal podia esperar para compartilhar as minhas aventuras com os meus amigos de lá. Não tentei contar a eles sobre a ponte Golden Gate ou o Caesars Palace ou a Times Square. Eu queria contar sobre as coisas *importantes*: o serviço de quarto, o Cartoon Network e, sim, o casacão vermelho. Muito rapidamente, no entanto, uma dura verdade clara.

Literalmente.

Ninguém.

Se importava.

Acho que o mundo que eu estava tentando descrever para eles era tão distante dos Crazy Tots no centro de lazer que era impossível para os meus amigos entender do que eu estava falando. Eu logo aprendi a ficar de bico calado.

---

* Em português, crianças malucas. [N.E.]

Continuei fazendo testes. Quando você é adulto, testes de elenco podem ser uma experiência bastante brutal, e, acredite, eu tive a minha cota. Os ruins não são aqueles em que você entra na sala de testes e não consegue parar de peidar (sim, isso aconteceu). Os ruins mesmo são aqueles em que você se dá conta de que a pessoa que vai tomar a decisão não te olhou nos olhos desde que você entrou. Os ruins são aqueles em que há um trecho com dança no meio que *você* sabe que não consegue fazer, e *eles* sabem que você não consegue fazer, e tudo vai ser constrangedor para todos os envolvidos. Quando eu era criança, no entanto, os testes não me afetavam, nem os terríveis. Lembro-me de um particularmente vergonhoso, para um comercial de espaguete, em que eu tinha de fingir ser uma criança italiana e comer um pratão de macarrão, soltar um "mamma mia" e cantar uma musiquinha. Eu nem gostava de massa naquela época, e tenho certeza de que pareci burro feito uma porta. Mas aquilo não me desanimou. Minha mãe conseguia tornar as nossas viagens a Londres para os testes bem divertidas. Eu fazia o que tinha de fazer, então íamos à Hamleys, a loja de brinquedos na Regent Street, onde eu podia brincar nos fliperamas no subsolo enquanto minha mãe tomava uma xícara de chá. E, é claro, nós dois sabíamos o que nos aguardava se eu tivesse sucesso. Outra viagem para um lugar legal, outra oportunidade para maratonar desenhos animados e pedir serviço de quarto e um cheque de 200 libras no final? Dã! Sim, por favor!

Sempre foi nos testes mais esquisitos que consegui os papéis. E foi certamente esse o caso do meu trabalho seguinte: um comercial para o cartão Barclaycard. Era uma empreitada particularmente empolgante para mim porque o rosto do Barclaycard na época era o meu ator favorito, o que eu mais assistia quando era jovem e por quem era completamente apaixonado: Rowan Atkinson. Alguns dos nossos momentos mais felizes em família eram quando nos sentávamos todos juntos em frente à tv para assistir a *Mr. Bean*. Meu pai se mijava de rir. Minha mãe tentava muito rir baixinho, quase sempre sem sucesso. Nós, os quatro meninos, literalmente chorávamos de tanto rir. Então, a oportunidade de conhecer meu herói – que dirá aparecer ao lado dele – era incrivelmente empolgante.

Os testes eram feitos em pares, então lá estava eu ao lado de uma garota em frente a três dos quatro diretores de casting. A menina tinha um cabelo enorme e estava usando um vestido muito colorido. "Não tem roteiro", eles nos falaram. "Quando dissermos *ação*, queremos que vocês dois finjam que acabaram de ouvir a campainha e estão indo abrir a porta para o Mr. Bean. Acham que conseguem fazer isso?"

Eu assenti. Já tinha passado por alguns testes àquela altura e não estava muito nervoso. Mas a menina parecia um pouco maluca. Ela se virou para o pessoal do casting e perguntou: "A gente pode desmaiar?".

Passou um momento. Os diretores de casting se entreolharam. Eu pensei: *Uau, ela realmente vai se dedicar. Talvez eu precise melhorar um pouco.*

"Acho que preferiríamos que vocês *não* desmaiassem", um deles respondeu.

Ela pareceu um pouco decepcionada, mas assentiu e a cena começou. Nós dois fingimos que estávamos abrindo a porta e então, antes que eu pudesse sequer reagir, a menina doida inexplicavelmente gritou: "MAMÃE GANSA!". E caiu no chão como um tronco de árvore.

Silêncio. Os diretores de casting cuidadosamente evitaram se olhar nos olhos. Obviamente eles não podiam rir. Eu esqueci completamente que deveria reagir ao Mr. Bean e só fiquei olhando para a menina, em choque. Foi essa reação, eu acho, que me fez conseguir o papel, e eu aprendi uma coisa com aquela experiência: não vá para um teste com muita coisa planejada. Nunca é sobre decorar as falas ou se você consegue chorar quando pedem. É sobre o que vem depois, não agora. Apenas reaja ao que acontece ao seu redor. Aquela menina, eu acho, tinha decidido, muito antes de entrar na sala, que iria desmaiar, e isso não a favoreceu.

Infelizmente para mim, Rowan Atkinson saiu da campanha do Barclaycard antes que as gravações começassem, então eu nunca tive a chance de contracenar com ele. Minha mãe e eu fizemos uma excursão agradável pela França durante as filmagens, mas não vou mentir, teria sido bem mais divertido se tivéssemos tido Mr. Bean como colega de trabalho. Eu esquiei, no entanto. Mais ou menos. Em uma cena, eu estava de esquis no alto de um declive leve, para iniciantes. Era a primeira vez que eu ia às montanhas e via aquela quantidade de neve. Estava doido para tentar esquiar, mas me disseram bem claramente que eu não devia mover nem um músculo. A última coisa que eles queriam era um jovem ator com a perna quebrada. O seguro-saúde não cobriria aquilo. Fiz o que mandaram, porém, alguns anos depois, chegaria o momento em que eu seria um pouco menos obediente no que se referia às regras e aos regulamentos de um set de filmagem...

4.
A magia no processo *ou*
James Blond e Cachinhos Ruivos

Meu primeiro inimigo na tela foi um Potter, mas não era Harry. Era o nefasto advogado Ocious P. Potter na adaptação para o cinema do clássico infantil *Os Pequeninos*. É a história de uma família de pessoas minúsculas vivendo com humanos de tamanho normal – e se escondendo deles. O mais jovem da família é um rapazinho atrevido chamado Peagreen, para o qual eles precisavam de um ator mirim atrevido. Prazer, Tom aos nove anos. Eu era, é justo dizer, um moleque que aprontava. Se uma almofada de pum estivesse na cadeira de um professor ou se ele ficasse trancado para fora de sua própria sala de aula, havia uma chance razoável de que eu estivesse envolvido de alguma forma. Eu era novo o suficiente, na época, para que isso fosse fofinho e encantador – o que não duraria muito – , e isso significava que eu me encaixava bem no papel de Peagreen.

Tenho apenas memórias vagas do teste que fiz para esse papel, mas me lembro de ler as falas com a maravilhosa Flora Newbigin, que já tinha sido selecionada para o papel da minha irmã mais velha Arrietty, para ver se tínhamos química. Tenho uma memória bem mais nítida da alegria de ser dispensado da escola para ir aos ensaios e às filmagens. Esse tipo de trabalho era de um nível diferente daquele dos comerciais que eu tinha feito antes. Para aqueles, alguém simplesmente me dizia onde ficar e para onde olhar. Minha influência era mínima. *Os Pequeninos* era atuação de verdade. Não só eu tinha um papel de verdade para representar, eu também tinha de fazer umas acrobacias, e então, durante a fase de pré-produção, minha mãe me buscava na escola à uma da tarde todas as segundas, quartas e sextas. Tínhamos um motorista chamado Jim, e nossa primeira parada era sempre no restaurante de *fish and chips* da região. Eu escolhia uma porção jumbo de linguiça e batatas fritas, que comia no carro a caminho do treinamento de dublês, com minha mãe pedindo mil desculpas a Jim por deixar o carro dele fedendo a comida.

Aquelas sessões de treinamento à tarde aconteciam em um ginásio amplo onde os atletas olímpicos treinavam. Na época, eu adorava James Bond, e fiquei *um pouco* desapontado que o meu treinamento não envolvesse me jogar de um carro em movimento com uma pistola Walther PPK. Mas era divertido. E, comparado com as aulas de matemática, era um sonho. Aprendemos ginástica básica, aprendemos a como subir em cordas usando as pernas em vez das mãos, aprendemos a como cair de uma grande altura sem destruir os tornozelos, aprendemos a como nos balançar em aros, pular em colchonetes e nos equilibrar nas traves de ginástica. Eu era relativamente atlético – longe de ser capitão do time de futebol, mas decente o bastante com um bastão de críquete –, então o treinamento de acrobacias não foi um desafio físico tão grande. O meu comportamento ao estilo Peagreen, no entanto, se mostrou um problema maior. Uma tarde, eu estava caminhando sobre a trave de equilíbrio e decidi que seria um movimento bem legal pular da trave e aterrissar com os pés um de cada lado. Ali de cima, de onde eu estava olhando, os níveis pareciam certos, e eu não queria desperdiçar essa oportunidade de me exibir sem que as pessoas estivessem vendo. Então eu gritei para todo mundo parar o que estivesse fazendo e olhar para mim. Todo mundo se virou para olhar. Eu fiz minha melhor pose de Billy Elliot, saltei no ar e abri as pernas, me preparando para minha aterrissagem triunfal...

Talvez você já tenha percebido onde essa história vai dar. Basta dizer que meus pés não tocaram o chão e que minha queda foi interrompida por outra parte da minha anatomia, uma mais sensível. O momento do impacto foi tão agonizante quanto vergonhoso. Meus olhos se enchem de lágrimas só de lembrar. Sem dúvida, eles se encheram naquela ocasião também, mas me lembro de fazer o máximo possível para me controlar conforme um silêncio horrorizado tomava o ginásio e eu me afastava da trave, fingia que minha acrobacia tinha saído *exatamente* como o planejado e corria para me contorcer de dor escondido das pessoas e cuidar do que estava ferido: meu orgulho e... bem, vou deixar essa parte para a sua imaginação.

Meu orgulho levaria outro golpe quando chegasse a hora de fazer o cabelo e a maquiagem para me transformar em Peagreen. Consigo medir minha carreira de ator na infância pelos meus cortes de cabelo inusitados. Bem antes que as madeixas descoloridas de Draco se tornassem permanentes na minha vida, eu carregava orgulhosamente por aí o cabelo bastante ridículo de Peagreen, uma grande quantidade de cachos ruivos – meio como Krusty, o palhaço, só que cor de laranja. Se você acha que isso não é nada atraente, ainda não ouviu da missa a metade. Minha peruca só ia da testa até o cocuruto. Isso significava que a parte de trás da minha cabeça ficava completamente exposta. A única solução foi pintar essa parte de ruivo e fazer um permanente para que ficasse cacheado. O resultado eram uns *mullets* laranja com cachinhos bem pequenos.

Leitor, eu peço a você que se contenha.

Eu amava futebol nessa época. Um Steve McManaman de papelão em tamanho real enfeitava meu camarim de *Os Pequeninos*, e como todo menino de nove anos que se preze, eu colecionava figurinhas de futebol. Meu desejo mais profundo era sair do grupo B e chegar ao grupo A do clube onde jogava futebol, mas, por causa das gravações, eu perdia muitos treinos. Quando conseguia ir, costumava exagerar para mostrar a eles que eu era digno do time. Mas é difícil parecer durão no campo de futebol quando você tem *mullets* ruivos cacheados atrás de um cabelo liso e loiro. Até nosso técnico tirava sarro. "Vocês quase conseguiram, foi por um fio de cabelo, meninos", ele nos dizia quando perdíamos uma partida por pouco. "Ou, no caso do Tom, por um cachinho ruivo." Todo mundo caía na gargalhada, inclusive ele. Eu até achava graça e sorria um pouco, mas, infelizmente, a promoção para o grupo A me escapou.

Eu não tinha muita noção, quando criança, de que passar um bom tempo no set de filmagem era algo incomum. Mais de uma vez precisei implorar para minha mãe me deixar terminar um jogo de futebol enquanto ela lutava para me fazer entrar no carro e ir para o estúdio. Dito isso, filmar *Os Pequeninos* era um jeito bem divertido de passar o tempo quando eu era criança. Eu amava o meu guarda-roupa – vista uma criança de nove anos com uma meia e um clipe de papel gigantes, com um par de dedais como calçados, e você terá dado a ela a melhor festa a fantasia do mundo. Certamente superou e muito minha fantasia de Boneco de Neve Número 3. Mais que isso, no entanto, eu amava o set. Havia um tanto de efeitos visuais em fundo verde, mas essa tecnologia ainda estava engatinhando, e, para demonstrar o tamanho minúsculo dos Pequeninos, tudo no set precisava ser construído em uma escala absurda. Eu passava meus dias preso em arneses[*], correndo por dentro de paredes enquanto martelos gigantes me atingiam. Era como estar no meu próprio videogame. Para uma cena, tive que ficar preso dentro de uma garrafa de leite cuja altura era equivalente ao comprimento de um ônibus, que eles encheram com um líquido branco espesso e fedido que parecia leite. Foi uma enorme façanha que levamos dias para terminar. Em outra cena, tive de me pendurar em um poste a quase dez metros de altura e depois cair em um colchão gigante. Hoje em dia, eu tremeria de medo antes de gravar uma cena como essa. Na época, insisti em fazer várias vezes – só para garantir que minha performance tivesse sido perfeita, sabe. Uma criança pode se divertir mais do que isso? Não sei como.

Mas talvez mais empolgante ainda que gravar dentro do meu mundinho particular de Super Mario fosse o fato de que ficávamos nos estúdios Shepperton. E o que mais seria filmado lá na mesma época, se não o novo filme de James Bond, *007: O Amanhã Nunca Morre*? Isso

---

[*] Espécie de cinto de proteção. [N.E.]

era, para mim, uma Coisa Muito Importante. Eu mudei o nome no meu camarim de "Peagreen" para "O próximo James Bond" e fiquei eufórico ao saber que parte da equipe de dublês de *007 Contra Golden-Eye* estava trabalhando comigo em *Os Pequeninos*. Shepperton é uma série de enormes galpões vazios onde eles constroem qualquer set que seja necessário. Para ir do ponto A ao ponto B, você precisa pegar um carrinho elétrico de golfe. É muito divertido, porque a qualquer momento você pode passar por um pirata totalmente paramentado comendo um sanduíche, ou por um alienígena fumando um cigarrinho. Para mim era mais empolgante ainda porque todo dia havia um monte de James Bonds caminhando pelos estúdios. Eram dublês e substitutos usando ternos bem cortados e perucas escuras, mas de costas eles eram o Bond, e isso era bom o suficiente para mim. Mas só uma vez, sentado no banco de trás do carrinho conforme cruzávamos os estúdios, eu olhei de novo para ter certeza. O Bond pelo qual tínhamos acabado de passar não era um dublê. Era o Pierce Brosnan em pessoa, de verdade. Não trocamos nenhuma palavra. Acho que nem trocamos um olhar. E mesmo assim, aquele foi um dos momentos mais emocionantes da vida do Tom de nove anos. E embora meus amigos não estivessem muito interessados na minha vida no set de filmagem, meu breve encontro com Bond era uma história bem legal para contar.

 É claro que *Os Pequeninos* tinha seu próprio elenco de pesos-pesados, mas eu não tinha idade para entender isso na época. John Goodman era um ator renomado com uma presença forte. Eu me lembro de um dia estar correndo pelas salas de cabelo e maquiagem com uma arminha de água e entrar com tudo em uma das salas, como se fosse o próprio Bond, dando risadinhas e pronto pra encrenca, e era a sala onde John estava sentado calmamente enquanto faziam sua maquiagem. Ele me silenciou com um único e severo olhar pelo espelho. Um olhar que dizia: nada de gracinhas aqui, moleque. Foi o bastante para me fazer sair correndo de novo, sem dizer uma palavra. Minha mãe ficou particularmente animada para conhecer minha mãe nas telas,

Celia Imrie, uma de suas heroínas por causa de seu trabalho com Victoria Wood. A empolgação da minha mãe acabou me atingindo, mas para dizer a verdade eu não tinha a menor ideia de quem ela era. Tudo que sei é que ela era sensacional em criar um clima descontraído no set para que nós crianças não nos sentíssemos de modo algum pressionados. Se você grita com uma criança no set, é grande a chance de que ela se enfie num casulo e não saia tão cedo. O jeito divertido e maternal de Celia assegurava que isso não acontecesse.

E embora eu não soubesse na época, estava prestes a ser apresentado à família Harry Potter pela primeira vez. Jim Broadbent, que interpretava meu pai, viria a interpretar o desajeitado professor Slughorn. Jim era um cara amável de todas as maneiras: tinha um grande senso de humor, falava baixo, mas era brilhante fazendo vozes engraçadas, e sempre apoiava nós, crianças, no set. Eu também viria a conhecer Mark Williams, que depois interpretaria Arthur Weasley. Ele era brincalhão – quase pueril – e, embora não tenhamos filmado nenhuma cena juntos, era muito divertido tê-lo por perto. Eu definitivamente não acho que ele teria reprovado minha aparição repentina com o lançador de água. Era mais provável que Mark quisesse participar da brincadeira. Graças à presença encantadora e tranquila de Celia, Jim e Mark, eu nunca cogitei levar as coisas a sério demais.

Dizem que a gente aprende mais quando está se divertindo. Quase sem me dar conta, comecei a fazer exatamente isso. Acho que, por estar cercado de atores com tal competência, era inevitável que eu começasse a absorver um pouco da arte da interpretação, e sem dúvida *Os Pequeninos* exigia mais de mim do que aqueles comerciais que gravei antes do filme. Mas o que eu realmente me lembro de aprender foi a parte técnica de como um set de filmagem funciona. Era o básico do básico, mas me ajudaria bastante na minha carreira. Aprendi a me colocar na posição do operador de câmera, então se ele me mandasse olhar para a esquerda da câmera, eu tinha de olhar para a minha direita. Aprendi a prestar atenção às minúsculas marcas de giz no chão que me mostravam até onde eu podia caminhar sem obrigar o assistente de câmera a ajustar o foco. Mais importante, aprendi que quando você ouve as palavras mágicas "Luz, câmera..." e o clique do rolo de filme girando, todo mundo no set precisa estar a postos. Naquela época nós gravávamos em filmes de 35 mm, então cada minuto de gravação custava milhares de libras.

Não que eu sempre tenha sido um modelo de profissionalismo e autocontrole. Quando a professora pede a certo tipo de criança que fique quieta, isso pode acender uma faísca de travessuras, e eu provavelmente tinha mais dessas faíscas que a maioria das crianças. Eu tinha uma tendência a ter ataques de riso imediatamente antes do início da gravação: todo mundo gritando "Silêncio!" era o suficiente para eu começar. Em geral, os adultos lidavam com isso calmamente. No entanto, em uma ocasião, eu recebi a mais contida das broncas. O diretor, Peter Hewitt – um homem muito gentil e paciente – , andou até onde eu estava. Até hoje me lembro da expressão no rosto dele: a dor de um homem sob imensa pressão, com o relógio tiquetaqueando e o rolo de filme acabando, tendo de encontrar uma maneira de persuadir um risonho menino de nove anos a sair do modo histérico e entrar no modo filmagem. Imagine isso.

```
INT. SHEPPERTON STUDIOS. DIA.

    PETER
    Tom, por favor, é hora de parar de rir.

Tom aperta os lábios. Assente.
Então começa a rir de novo.

    PETER
    (um pouco de desespero na voz)
    Não, Tom. Estou falando sério.
    É hora de parar de rir.
```

Tom franze a testa. Algo em sua expressão nos diz que ele acaba de perceber que o diretor está mesmo falando sério. Então ele assente. Fica sério. Então começa a rir novamente.

Peter fecha os olhos. Respira fundo. Abre os olhos. Quando fala de novo, é com a expressão de um homem profundamente frustrado, fazendo o máximo que pode para manter a calma.

PETER
Tom. Por favor. Eu não estou brincando. Você precisa parar de rir.

E ele dá um sorrisinho breve para Tom, um que diz: temos um acordo aqui?

Tínhamos um acordo. Entendi que estava sendo repreendido do jeito mais gentil possível. A câmera começou a rodar e eu consegui me controlar.

Eu não teria me divertido metade do que me diverti se fossem *todos* adultos. Lembro-me de ser bastante influenciado por Flora. Ela era alguns anos mais velha que eu, mas era sempre divertida e era um prazer tê-la por perto. Apesar de aquele ser seu primeiro grande filme, ela definitivamente sabia se comportar no set e segurava a minha mão, tanto literal quanto metaforicamente. Ela garantia que eu estivesse parado no lugar certo e que minha peruca meio precária não estivesse torta. Graças a Flora, eu vivi um período maravilhoso em Os Pequeninos. Tanto que até chorei quando acabou.

Tínhamos acabado de terminar as gravações. Eram seis da tarde e eu estava sentado na cadeira de maquiagem pela última vez, para que a maquiadora pudesse cortar meu permanente laranja. De repente, me veio uma torrente confusa de emoções que eu não consegui entender. Meus olhos se encheram de lágrimas, mas, sejamos honestos, o futuro James Bond precisa ser durão o suficiente para conseguir controlar as emoções. Então bolei um plano complexo. Fingi que a coitada da maquiadora havia me espetado com a tesoura e berrei: "Ai! Você me acertou!".

Infelizmente, meu plano complexo acabou sendo um fiasco. Ela não tinha me acertado. Não tinha nem chegado perto de mim, e foi o que ela me disse. Mas, durante a hora seguinte, usei minha ferida imaginária como desculpa para as lágrimas que não paravam de escorrer.

Eu não percebi naquele momento, mas minhas lágrimas estavam me ensinando outra lição importante. Os espectadores podem voltar e assistir ao filme tantas vezes quantas quiserem. O filme está sempre lá disponível para eles. Para os atores e a equipe, a relação com o filme é mais complexa. A magia está na produção, e aquele processo é uma unidade discreta de tempo no passado. Você pode refletir sobre essa unidade de tempo, pode ter orgulho dela, mas não pode revisitá-la. Se filmar *Os Pequeninos* foi como viver no meu Super Mario particular, chegar ao fim foi como chegar a um *checkpoint*. Eu podia olhar para trás, mas sabia que nunca viveria aquela parte da minha vida de novo. Nos anos que viriam, aquele sentimento retornaria ao final de cada filmagem. Por meses, vocês foram uma atração de circo itinerante. Foram uma comunidade muito unida. Viajaram por uma dúzia de cidades diferentes. Compartilharam refeições. Atuaram juntos. Erraram juntos e consertaram os erros juntos. Deixaram para trás sua casa e sua família, se amontoaram em um hotel a quilômetros de distância e, embora não seja tudo sempre brincadeira e risadas, vocês desenvolveram certa conexão e intimidade. E então, de repente, acaba, e essa comunidade que foi sua família substituta se dissipa para os quatro cantos do planeta. Não existe mais. Quase sempre dizemos a mesma coisa: que vamos manter contato, que nos vemos na semana que vem, que vamos reviver os velhos tempos, e não tenho dúvida de que falamos com sinceridade. Às vezes até acontece mesmo. Mas, lá no fundo, todos sabemos que chegamos ao *checkpoint*. Qualquer que tenha sido sua experiência com o filme, boa ou não, um momento que foi especial e único passou e nunca poderemos vivê-lo outra vez. Nos anos seguintes, eu aprendi que isso não ficaria mais fácil, especialmente em um projeto do tamanho de Harry Potter.

O Tom de nove anos só podia tatear a superfície dessas emoções. O Tom de nove anos não sabia nada sobre a passagem do tempo. Estava mais interessado em voltar logo para o campo de futebol ou o lago de carpas do que em analisar suas emoções com alguma profundidade. Mas quando estava sentado naquela cadeira de maquiagem enquanto cortavam seus *mullets* cor de laranja, talvez ele tenha sentido pela primeira vez a perda de algo precioso.

Era um gostinho do que estava por vir, porque o Tom de trinta e poucos anos ainda fica com os olhos cheios d'água toda vez que um trabalho chega ao fim.

5.
Meus irmãos já estão enjoados disso *ou* jatos na noite de estreia

Você sempre se lembra da sua primeira vez. Graças aos meus irmãos, eu com certeza vou me lembrar.

A estreia de *Os Pequeninos*, no Odeon Leicester Square, não foi a minha primeira exibição do filme. Aconteceu em uma sala de projeção do Hard Rock Café, um mimo dos produtores do filme para mim e alguns amigos da escola. É uma lembrança feliz e acho que meus amigos gostaram, mas isso pode ter tido alguma coisa a ver com os mini-hambúrgueres e as Cocas grátis. A noite de estreia em si, em linhas gerais, foi um evento mais sofisticado. Não foi nada perto do nível do que estava por vir, mas ainda assim foi um grande acontecimento. Ninguém da minha família tinha ido a uma noite de estreia de filme antes, então não sabíamos o que esperar, e minha mãe e meu pai não puderam me preparar para a experiência. Havia multidões do lado de fora e, dessa vez, elas não estavam aplaudindo o Macaulay Culkin, estavam aplaudindo a mim e ao restante do elenco. Não acho, contudo, que tenha ficado me achando por causa disso. Eu mencionei que ter três irmãos mais velhos tende a manter você com os pés no chão?

Nós chegamos em um comboio de Morris Minors – os carros clássicos que foram usados no filme –, e eu desembarquei usando meu elegante terno branco, gravata preta e camisa branca (eu contei pra você que tinha um interesse precoce no papel de James Bond). O tapete vermelho era um pouco intimidante, então fiquei perto da Flora. Ela era minha rede de segurança. Carregava muito mais do peso do filme sobre os ombros do que eu. Ela era o Batman, eu era o Robin.

Ela era o Harry, eu era o Rony (quase literalmente, com o meu cabelo laranja). Flora era confiante e articulada e incrivelmente boa em lidar com as câmeras e as entrevistas. Eu fiquei por perto e segui a liderança eloquente dela.

Enquanto eu estava do lado de fora, no tapete vermelho, minha família entrou no cinema. Ali eles encontraram um monte de mulheres lindas e bem-vestidas segurando bandejas de champanhe grátis. Como eles sabiam que era de graça? Cada um confirmou o preço perguntando às moças separadamente. Meu irmão mais velho, Jink, aproveitou particularmente as bebidas grátis, como qualquer adolescente de dezesseis anos que se preze faria. E como nós tínhamos uma hora entre a nossa chegada e o início do filme, Jink teve tempo o suficiente para fazer isso. Ele sorrateiramente pegou várias taças e, quando chegou a hora, entrou cambaleando na sala de exibição. No entanto, os créditos de abertura nem tinham começado quando Jink sentiu uma necessidade urgente e repentina de estar em outro lugar. Ele se levantou, passou tropeçando por alguns membros irritados da plateia que estavam na mesma fileira e desapareceu.

Cinco minutos se passaram. Nenhum sinal de Jink. Meu pai resmungou alguns palavrões e saiu para encontrar seu rebelde filho mais velho. Previsivelmente, Jink estava trancado em uma cabine do banheiro, de joelhos, venerando a porcelana enquanto o champanhe grátis fazia o caminho de volta. Meu pai ficou do lado de fora da cabine, com sua roupa de festa, enquanto Jink botava tudo pra fora. E a cereja do bolo? Um convidado entrou e, ao ver meu pai lá dentro parado de terno, o confundiu com um funcionário e lhe deu uma libra de gorjeta. A noite não foi, portanto, do jeito como ele esperava que fosse (mas ele ficou com a libra).

Então, Jink perdeu o filme, meu pai perdeu o filme e as festividades da noite ainda não tinham acabado. Uma grande festa se seguiu. Aconteceu num depósito imenso decorado com os objetos gigantes do filme, com música, brincadeiras, doces e – você já adivinhou – mais champanhe grátis. Agora foi a vez de Ash – com treze anos e seguindo o exemplo do irmão – experimentar as frutas do interior da França. Depois de virar diversas taças, Ash pensou que seria uma boa ideia entrar no enorme castelo inflável com Chris. *Não* foi uma boa ideia. O castelo inflável estava sendo usado por crianças com metade da idade e do tamanho deles. Chris acidentalmente deu uma joelhada na cabeça de uma criança de nove anos. Para não ser ofuscado pelo irmão mais velho, Ash deu uns pulos e então vomitou aos jatos, de modo espetacular, no canto do castelo. Ele saiu do brinquedo engatinhando, arrotou audivelmente e anunciou: "Estou me sentindo muito melhor agora!".

No fim das contas, acho justo dizer que o comportamento dos irmãos Felton naquela noite foi, na melhor das hipóteses, atrapalhado. Mas eu não fiquei chateado. Simplesmente aproveitei a noite do jeito que foi. Afinal, não era como se eu tivesse grandes esperanças de me tornar um ator ou, menos ainda, uma estrela de cinema. Eu havia tido meus cinco minutos de fama e provavelmente aquela seria minha primeira e última noite de estreia. Não seria?

6.
Anna e o Rei *ou* Clarice e Hannibal

Não vou mentir. Embora eu nunca tivesse de fato me considerado um ator especialmente talentoso – nem tinha ideia de que havia cumprido a profecia de Anne, do curso de teatro –, fiquei satisfeito com *Os Pequeninos*. Achei que tinha ido bem. Era divertido me ver na telona. Talvez isso fosse terrivelmente arrogante. Ou talvez significasse que eu não tinha a autopercepção e a autocrítica de um adulto.

Eu amo ir ao teatro. Vou pelo espetáculo, óbvio, mas também vou para observar as reações de uma plateia a uma obra de arte. Uma das respostas mais emocionantes que já vi foi no musical *Matilda*, quando me sentei perto de um garotinho de no máximo cinco anos que tinha ido com sua mãe. Ele não conseguia tirar os olhos do palco. Sem dúvida mal conseguia acompanhar a história. Tenho certeza de que muitas das piadas passaram despercebidas por ele. O menino simplesmente estava absorto na experiência. Para mim, foi um pouco emocionante. Não faria sentido perguntar a ele se havia *gostado* ou não da peça. Ele era muito novo para fazer uma crítica e me lembrou daquele tempo em que eu ainda não havia sucumbido à tirania adulta do julgamento e da autoconsciência.

Agora, sempre que alguém me pergunta sobre atuação, meu conselho é o mesmo. Seja brincalhão. Infantil, até. Mantenha-se à parte da análise tediosa dos adultos. Esqueça os conceitos de bom e ruim. É um mantra bem útil para mim. Eu geralmente tento me forçar a ser mais como o jovem Tom em *Os Pequeninos*, ou como aquele garotinho da plateia de *Matilda*, livre das restrições deformadoras da autopercepção.

Eu ainda tinha um pouco dessa liberdade quando fiz o teste para o meu próximo grande filme. *Anna e o Rei* estava um degrau acima de *Os Pequeninos* em termos de importância e prestígio. Jodie Foster – uma grande estrela de Hollywood – foi escalada para o papel principal, e as filmagens aconteceriam na Malásia durante um período de quatro meses. O processo de seleção do elenco foi muito mais rigoroso que qualquer outro que eu já tivesse visto. Participei de dois ou três testes em Londres e depois, quando já estavam entre mim e outro ator, viajei a Los Angeles para um teste final.

A visão retrospectiva de um adulto me diz que aquele foi um momento especial. Mas eu ainda era uma criança e não tinha a noção de que era algo imensamente fora do comum. Eles colocaram minha mãe e eu num avião para Los Angeles e então num hotel gigante, que, para meu absoluto deleite, tinha não apenas uma piscina coberta, mas também uma Jacuzzi. Que criança não ama uma Jacuzzi? Que criança não finge que é um enorme caldeirão de peidos? Ou era só eu? Eu estava muito mais interessado em me refamiliarizar com o serviço de quarto e com o Cartoon Network do que no teste. Minha lembrança é de que o outro garoto que concorria ao papel tinha uma mãe que colocava a "mão na massa" bem mais que a minha. Ela treinava as falas com ele, quase o dirigia. Minha mãe nunca fez nada do tipo. Nunca tentou me treinar, nunca me disse como falar alguma coisa, sempre me encorajou a confiar nos meus instintos. Em muitos aspectos eu era completamente despreparado, mas foi essa postura, acho, que me fez conseguir o papel. Lembra da garota da Mamãe Gansa? Eu mais uma vez fiz totalmente o oposto. Entrei para fazer aquele teste de Hollywood sem qualquer ansiedade ou preconceito. Fui apenas o Tom normal, e acho que era isso que estavam procurando. Eles queriam ver se eu ficava feliz com doze pessoas me observando, tomando notas, cochichando umas com as outras, porque, se eu não ficasse feliz com aquilo, não ficaria confortável em um set de filmagem. Queriam ver se eu era maleável e dirigível. Queriam ver se eu conseguia enunciar uma fala de maneiras diferentes. Acima de tudo, acho que eles queriam ver se eu estava tranquilo, e acho que o que mais me ajudou foi o fato de eu querer que o teste acabasse logo para poder voltar para o hotel e seu hilário caldeirão de peidos.

Minha mãe e eu voltamos para Surrey e não pensei muito mais sobre o filme. Ainda estava mais interessado em entrar no grupo A do futebol. Talvez eu tivesse mais chances agora que meu cabelo estava chamando menos atenção. Algumas semanas depois, porém, minha mãe foi me buscar na escola e, no caminho até o carro, disse que tinha novidades: "Você conseguiu o papel!".

Senti uma onda de entusiasmo. "Mesmo?"

"Mesmo."

Senti uma onda de fome. "Você me trouxe um palito de queijo, mãe?"

Eu era obcecado por esses palitos de queijo. Ainda sou. Muito mais do que por fazer filmes.

A decisão foi tomada: minha mãe e eu iríamos para a Malásia por quatro meses. Eu mal tinha ouvido falar da Malásia, e ninguém da minha família tinha ido para a Ásia antes. Não tínhamos ideia do que esperar, mas ambos estávamos muito animados. Minha mãe se demitiu do trabalho e lá fomos nós.

Teriam sido quatro meses solitários sem a minha mãe. Era a primeira vez que me separava da normalidade de um dia na escola com meus amigos e eu sentia falta daquilo. Não havia redes sociais naquela época. Eu com certeza não tinha um celular. Acho que não falei com nenhum dos meus amigos mais que uma ou duas vezes durante os quatro meses. Meu pai e meus irmãos foram nos visitar só uma vez, durante uma semana. Eu era a única criança ocidental no set, o que me deixava um pouco confuso, mas rapidamente fiz amizade com os locais.

Também tive a minha primeira experiência com aulas particulares, que duravam de três a seis horas por dia e aconteciam em um contêiner adaptado, no qual entrava muito vento pela única janela minúscula. E embora minha professora particular, Janet, fosse uma moça agradável e inteligente, eu sentia falta da agitação da sala de aula, da proximidade com meus colegas e, sim, da oportunidade de fazer bagunça. É difícil ser o palhaço da classe em uma turma de uma pessoa. As aulas no set se tornariam uma característica da minha infância e receio que nunca tenha aprendido a gostar delas. Minha obsessão nessa época eram os patins *inline*. Quando não estava filmando nem estudando, eu enchia o saco da minha mãe para tirar fotos minhas simulando *grinds* e outras manobras com os patins para poder enviá-las aos meus amigos e mostrar para eles como eu estava me divertindo. Mas acho que não enganei ninguém.

Posso ter me sentido sozinho às vezes na Malásia, mas também conheci novas pessoas de diferentes culturas e não posso descrever o quanto esse tipo de enriquecimento cultural me ajudou mais tarde na vida. Minha mãe se esforçou muito para tornar a experiência mais fácil para mim. O orçamento do filme era enorme, o que significa que a alimentação estava em outro patamar. Eles serviam refeições cinco estrelas incríveis em uma tenda gigantesca, que incluíam não sei o que grelhado e não sei o que lá trufado. Eu não encostava em nada disso. Tinha, e ainda tenho, gostos muito simples em relação a comida e um apetite moderado. Eu preferia uma barra de chocolate e um pacote de salgadinho a qualquer uma das comidas chiques que havia à disposição. Em uma tentativa de me fazer comer outra coisa além de doces, minha mãe entrava no carro e se aventurava para encontrar meus nuggets favoritos do KFC. Ela já não gosta muito de dirigir nas alamedas tranquilas de Surrey, que dirá nas estradas movimentadas do centro de Kuala Lumpur, mas as enfrentava mesmo assim. Graças a ela, eu me livrei de um terrível episódio de intoxicação alimentar que derrubou o restante do elenco e da equipe por uma semana. Então não venha me dizer que nuggets sempre fazem mal.

Como qualquer criança, eu tinha meus dias ruins, quando a saudade de casa e o isolamento pesavam. Lembro-me de uma meia dúzia de manhãs que passei chorando e me lamentando, dizendo que não queria mais fazer aquilo. Eu me lembro de suar em bicas em um terno de linho com seis peças que demorava uma hora para colocar e tirar. Eu me lembro de implorar com lágrimas nos olhos para ter a permissão de ir para casa. Mas à tarde eu já tinha me acalmado e tudo voltava ao normal.

E, é claro, havia Jodie Foster.

Meus irmãos estavam tentando me fazer assistir a *O Silêncio dos Inocentes* fazia anos, porém minha mãe tinha corretamente acabado com as tentativas deles de me matar de susto (embora tenham conseguido sorrateiramente realizar uma exibição de *O Exterminador do Futuro 2*). Então eu não tinha a real noção de quão famosa Jodie era. É claro, eu *ouvia falar* que ela era muito importante, então posso ter sido perdoado por achar que Jodie era mais parecida com John Goodman que com Mark Williams. Se achei isso, eu estava errado. Jodie Foster não poderia ser mais amável. Eu aprenderia que, num set de filmagem, tudo flui de cima para baixo. Se o ator cujo nome está no topo da lista de chamada é difícil, toda a filmagem se torna difícil. Jodie Foster – e sua coestrela Chow Yun-Fat – demonstravam generosidade, educação, paciência e, o mais importante, entusiasmo pelo processo. Jodie até conseguiu manter a calma quando eu a chutei bem na cara.

Nós estávamos filmando na hora. Jodie interpretava minha mãe, levada à corte do rei de Sião para fornecer uma educação ocidental para o harém e as crianças. Meu personagem, Louis, começa a discutir com outra criança, que o imobiliza no chão. Jodie precisa vir e nos separar. Eu estava agitando as pernas cegamente quando a acertei bem na boca. Não foi um golpe de raspão. Foi uma bela porrada, e tenho certeza de que muitos outros atores teriam algo a dizer sobre o assunto. Mas não Jodie. Ela foi impecavelmente amável durante toda a situação, mesmo quando o momento do impacto foi exibido diversas vezes no vídeo com os erros de gravação na festa de encerramento.

Me permita avançar uns bons anos. Estou com vinte e poucos e surge um convite para um teste. É para um filme chamado *Hitchcock*, sobre a produção do filme *Psicose*, estrelado por Sir Anthony Hopkins. Tendo atuado na infância em um filme com Jodie Foster, seria legal zerar o filme *O Silêncio dos Inocentes* e trabalhar com ambos os protagonistas, certo?

Bem, talvez não. O convite tinha chegado de manhã e fui requisitado a comparecer na mesma tarde. Mal houve tempo para ler o roteiro, que dirá fazer pesquisas. Eu estava concorrendo ao papel de Anthony Perkins, que interpreta Norman Bates. Nunca tinha assistido ao filme, então vi algumas cenas do ator e logo ficou claro que eu era particularmente inadequado para o papel. Ele tinha quase um e noventa de altura. Eu não tenho. Ele tinha cabelo e olhos escuros. Eu não tenho. Ele exalava uma espécie de ameaça psicopata. Eu... bem, vou deixar que você julgue por si mesmo.

Foi uma das poucas vezes que, de dentro do carro estacionado do lado de fora, liguei para o meu agente e perguntei: "Eu preciso *mesmo* fazer esse teste? Não acho que sou a pessoa certa. Talvez a chance de trabalhar com Anthony Hopkins apareça outra vez, em um projeto mais adequado". Eles concordaram, mas me persuadiram a comparecer mesmo assim, só para mostrar meu rosto para o diretor e os produtores.

Então eu fui. Fiquei sentado esperando do lado de fora da sala de testes. A porta se abriu e por ela saiu a atriz estadunidense Anna Faris, que tinha feito o teste antes de mim. Num cochicho exagerado de palco, ela apontou para a sala e disse: "Ele está lá dentro!".

Quem está lá dentro? Ela se foi antes que eu pudesse perguntar.

Entrei na sala de testes. Como esperado, vi uma fila de produtores, todos bem-vestidos, junto com o diretor.

Como não esperado, vi também o próprio Sir Anthony Hopkins, vestido casualmente, sentado ali e pronto para passar o texto comigo. Àquela altura, eu tinha visto *O Silêncio dos Inocentes* diversas vezes. Agora estava prestes a ler uma cena com Hannibal Lecter, completamente despreparado.

Meu estômago se revirou. Eu estava me borrando, terrivelmente consciente de que não conhecia o roteiro, não conhecia o personagem, não sabia nada sobre o filme nem achava que deveria estar lá. Mas havia me comprometido. Então nós apertamos as mãos e me sentei de frente para ele.

Começamos. Sir Anthony lê a primeira fala. Eu leio minha fala com um sotaque americano nada impressionante. Ele me encara. Pisca. Sorri. Coloca o roteiro de lado e diz: "É o seguinte, vamos esquecer o roteiro. Vamos falar sobre você como o personagem. Vamos descobrir se você realmente *conhece* esse personagem".

Conhece esse personagem? Eu mal sabia o nome dele. Não sabia nada sobre ele. Estava completamente despreparado.

"Ok", respondi.

Sir Anthony me olhou intensa e fixamente. "Então me diga", falou. "Me diga como seu personagem se sente a respeito de... *assassinato*?"

Eu o encarei de volta, tentando igualar sua intensidade hannibalesca. E falei... Bem, eu gostaria de poder me lembrar da minha resposta. Foi algo tão absurdo, tão traumaticamente constrangedor, que meu cérebro bloqueou essa memória. Sir Anthony me fez mais perguntas, uma mais peculiar que a outra. Como seu personagem se sente a respeito dessa coisa? O que seu personagem sente a respeito daquela coisa? Minhas respostas foram de constrangedoras a totalmente bizarras. Até que, por fim, ele disse: "Como seu personagem se sente a respeito de... crianças?".

"Crianças?"

"Crianças."

"Hum...", eu disse.

"Sim?", Sir Anthony disse.

"Hum...", eu disse.

"Do que ele *gosta*?", perguntou Sir Anthony.

"Ele gosta... ele gosta... do *sangue* de crianças", respondi.

Silêncio chocante. Olhei para ele. Ele olhou para mim. Os produtores olharam uns para os outros. Eu queria me encolher em um canto e morrer.

Sir Anthony assentiu. Ele pigarreou e disse educadamente, com o menor dos sorrisos: "Obrigado por ter vindo". E o que ele quis dizer foi: isso foi excruciante, por favor, vá embora antes que piore as coisas.

O alívio ao sair do prédio superou a performance assustadoramente ruim com Sir Anthony. Não muito, mas o suficiente para que eu ligasse animado para alguns amigos para narrar o conto do pior teste de elenco da história.

7.
Os testes de elenco para Potter *ou* quando Draco conhece Hermione

Até os meu onze anos, frequentei uma escola particular só para garotos um tanto pomposa chamada Cranmore. Não era nenhuma Hogwarts – esqueça as torres, o lago e o Salão Principal. Mas era um lugar muito acadêmico. Um lugar onde era legal ser o melhor da turma e você era respeitado pelas boas notas, e não por, digamos, matar aula para bagunçar em um set de filmagem. Meu avô ajudou a custear minha vaga. Ele era um acadêmico – falarei mais sobre ele depois – e, em vez de guardar dinheiro para pagar nossa faculdade, ajudou a colocar os quatro garotos logo cedo na educação particular. A ideia era instilar algum academicismo enquanto éramos jovens e impressionáveis.

Se tenho alguma habilidade acadêmica – matemática básica, a ideia da leitura como algo prazeroso –, isso se deve totalmente àqueles anos na Cranmore. Quando meu período na escola particular estava quase acabando, porém, minha atenção estava começando a perambular. Lembro-me distintamente, durante meu último bimestre, que havia um período de meia hora após o almoço quando o professor às vezes lia uma história para nós. Um dia ele escolheu um livro sobre um garoto bruxo que vivia sob a escada. Verdade seja dita, o que ele estava lendo não fazia muita diferença, minha reação teria sido a mesma, que foi: pega leve, amigo! Um garoto bruxo? Não é a minha praia.

Aos onze anos eu mudei de escola. Minha nova escola era mais perto de casa e muito mais realista. Se chamava Howard of Effingham, e se Cranmore me ensinou o LEC,* Howard me ensinou a socializar com qualquer um e com todo mundo. Pela primeira vez, vi alunos retrucando aos professores – algo praticamente inédito em Cranmore. Vi crianças fumando no terreno da escola e garotas sendo mandadas para casa por usar saias muito curtas. Eu não fazia ideia do que o futuro me reservava, claro, mas até hoje acho que minha vida poderia ter sido bastante diferente se não tivesse mudado de escola. Tanto escolas particulares como sets de filmagem são ambientes fora do comum. Howard of Effingham me deu uma dose saudável de normalidade.

Não que a transição tenha sido fácil. Na primeira semana do sétimo ano, todo mundo tinha de usar o uniforme da escola frequentada até então. Isso significa que a maioria das crianças usava a mesma roupa: camiseta e shorts. Para mim e apenas um outro aluno – meu amigo Stevie – , significava um chapéu marrom-avermelhado, um blazer e meias que iam até os joelhos. Resumindo, significava parecer um completo idiota, e não foram poucas as pessoas a me dizer isso. Isso não facilitou a minha chegada, no entanto, olhando para trás, fiquei contente com a mudança. Eu havia crescido achando que a maneira de ter sucesso no mundo era ser um crânio. Estava começando a aprender que uma habilidade bem mais importante e eficaz era a de se comunicar com pessoas de todas as origens. Ser colocado em um ambiente mais normal me ajudaria a fazer isso. Seria uma vantagem ainda maior quando outras partes da minha vida se tornassem não tão normais.

Até aquele momento, eu não havia sofrido consequências por ser um garotinho atrevido. Na verdade, mais que evitar consequências – isso tinha feito eu conseguir papéis em filmes. Chega uma época, contudo, conforme a adolescência se instala, que o atrevimento se transforma em outra coisa. Eu me tornei um tanto desagradável. Um pouco réprobo. Não me entenda mal, eu vivia em uma parte agradável de Surrey e, entre os réprobos, era um bem requintado. De verdade,

* Ler, escrever e contar. Nos métodos pedagógicos clássicos, esta seria a tríade principal para uma educação de qualidade. No original, *three Rs (reading, writing and arithmetic)*. [N.T.]

estava apenas fazendo o meu melhor para me ajustar ao novo ambiente. Apenas fazendo o meu melhor para ser comum.

E eu *era* comum. Claro, tinha alguma experiência atuando. Havia feito alguns comerciais e dois filmes. Mas ninguém se importava com isso. Meus novos amigos estavam muito mais interessados em andar de skate, fazer pirotecnia amadora e dividir um cigarro atrás do bicicletário. Não acho nem que *eu* realmente me importasse tanto com as filmagens. Era um bico divertido, nada além disso. Certamente eu não tinha a intenção de que atuar se tornasse algo mais sério. Se eu nunca mais aparecesse em um filme, tudo bem.

E talvez isso acontecesse. Eu estava desenvolvendo uma espécie de presunção. Uma leve arrogância. Era óbvio que ninguém ia querer dar um papel para um moleque com essas características, ia?

Eu não fazia ideia, quando meus agentes me convidaram para fazer o teste para um filme chamado *Harry Potter e a Pedra Filosofal*, de que ele teria alguma diferença em termos de alcance para os meus trabalhos anteriores. Na minha cabeça era outro *Pequeninos*: um filme com um orçamento relativamente alto e um monte de crianças, e, se eu fizesse tudo certo, um papel para mim. Mas e se eu não conseguisse um papel? Tudo bem também. Não era a última oportunidade. Havia boas chances de que outra coisa aparecesse.

Logo ficou claro, porém, pelo menos a partir do processo de seleção, que havia diferenças. Os testes eram abertos. Eu havia sido convidado pelos meus agentes, mas a grande maioria das crianças tinha aparecido apenas porque amava os livros de Harry Potter. Acho que eu era a única criança na seleção inteira que não fazia ideia do que eram os livros ou do quanto significavam para as pessoas. Com certeza me esquecera, muito tempo antes, daquelas sessões pós-almoço de contação de histórias sobre o garoto bruxo.

O processo de seleção foi mais longo e arrastado que qualquer um que eu já tivesse experimentado. Claro, não houve viagens a Hollywood, mas o *casting* era nitidamente mais envolvido que o normal. Havia milhares de crianças nos testes. Dar a cada uma delas uma chance individual de sucesso levou bastante tempo. Deve ter sido bastante exaustivo para a equipe de *casting*. Minha abordagem foi a usual falta de entusiasmo evidente. Enquanto todas as outras crianças estavam extremamente animadas com a possibilidade de estar no filme e claramente conheciam o livro de trás para a frente, eu era o completo oposto.

Os produtores colocaram trinta de nós em uma fila. Um dos adultos – mais tarde eu descobriria que era o diretor, Chris Columbus – passou pela fila perguntando a cada um de nós qual parte do livro estávamos mais animados para ver na tela. Lembro-me de ficar desapontado com a pergunta. Conforme as respostas surgiam, claras e certeiras – Hagrid! Canino! Quadribol! – , eu me lembro de ficar lá parado imaginando se poderia ir logo para casa. Foi apenas quando chegou a vez do garoto ao meu lado que percebi que não só eu havia dado zero importância para a pergunta como não fazia a menor ideia do que eles estavam falando. Quem era Hagrid? O que era quadribol? Meu vizinho declarou que estava mais animado para ver Gringotes, e eu pensei: *Mas o que são eles? Algum tipo de animal voador, talvez?*

Não havia tempo para descobrir. Chris Columbus se virou para mim. "Que parte do livro *você* está mais ansioso para ver, Tom?"

Eu travei. Houve um silêncio constrangedor na sala de teste. Dei meu sorriso mais convincente e apontei para o menino do Gringotes. "A mesma que ele, cara!", falei. Fiz um leve movimento de asas com os braços. "Mal posso esperar para ver aqueles Gringotes!"

Houve uma pausa tensa.

"Você quer dizer que está ansioso para ver Gringotes... o banco?", Columbus disse.

"Ah, sim", afirmei rapidamente. "O banco! Mal posso esperar!"

Ele me olhou por um bom tempo. Sabia que eu estava mentindo. Eu sabia que ele sabia que eu estava mentindo. O diretor assentiu, então continuou a percorrer a fila rumo a uma torrente de respostas entusiasmadas e embasadas.

Ah, bem, pensei. *Às vezes você perde, às vezes você ganha.*

Mas o teste não tinha acabado. Columbus anunciou que faríamos um intervalo. "Vocês podem ficar por aqui", disse. "Ninguém vai filmar vocês. Apenas façam o que tiverem vontade." Isso era, claro, uma espécie de truque. As câmeras estavam rodando e um microfone enorme e fofo estava pendurado no teto. Eu havia estado em sets antes, sabia o que estava acontecendo e isso fazia eu me sentir bastante convencido. Com certeza não estava disposto a cair na armadilha deles.

Uma menina jovem e curiosa se aproximou de mim. Ela tinha o cabelo castanho frisado e não devia ter mais que nove anos. Apontou para o microfone. "O que é aquilo?", perguntou.

Eu olhei para cima, com ar de cansado e me achando um pouco. Posso até ter feito uma careta. "O que é o quê?"

"Aquilo?"

"Significa que estão nos gravando. Obviamente." Virei as costas para ela e saí andando, deixando a garotinha com os olhos arregalados passeando pela sala. Mais tarde descobri que o nome dela era Emma Watson. Era a primeira vez dela em um ambiente cinematográfico. Não sei se alguém ouviu nossa pequena interação, mas, em caso afirmativo, eles definitivamente viram um pouco do sonserino em mim.

A parte final do teste era um *tête-à-tête* com Columbus. É difícil fazer esses testes com crianças; sendo realista, quão boas elas podem ser se você simplesmente entregar um monólogo a elas e lhes der o palco? Columbus tinha um talento, contudo, para extrair o que queria ver em nós. Ensaiamos uma breve cena em que Harry pergunta a Hagrid sobre um ovo de dragão. É difícil achar ovos de dragão, por isso o objeto cenográfico era um ovo de galinha normal. A cena era simples. Nós a ensaiamos uma vez e então eles colocaram as câmeras para rodar.

INT. UMA SALA DE TESTE. DIA.

    TOM
    (como Harry)
    O que é isso, Hagrid?

    COLUMBUS
    (com sua melhor voz de Hagrid)
    Isso é um precioso ovo de dorso-cristado
    norueguês, é o que é.

    TOM
    Uau! Um ovo de dragão de verdade!
    Onde você o conseguiu?

    COLUMBUS
    Eles são muito raros, esses ovos, 'Arry.
    Muito difíceis de encontrar.

    TOM
    Posso segurá-lo?

Uma pausa.

    COLUMBUS
    Tudo bem, mas tome cuidado - é muito frágil...

Ele começou a passar o ovo delicadamente para mim, mas, quando estava prestes a entregá-lo, o derrubou de propósito. O ovo se espatifou no chão. Dragão por toda parte. Ele esperou minha reação. Acho que a maioria das crianças teria sentido a necessidade de dizer alguma coisa, ou teria ficado alarmada com a guinada na cena. Eu apenas ri, sendo o encrenqueiro que era.

Meu atrevimento – ou arrogância, chame do que quiser – evidentemente não foi um obstáculo para o progresso. Fui chamado de volta diversas vezes depois daquele primeiro dia. Fiz pelo menos dois testes para o papel de Harry, e também para o de Rony. Dessa vez havia algumas falas simples do filme, mas elas não significavam nada para mim, já que eu ainda não fazia ideia de quem era esse bruxo sob a escada, ou de quem era seu amigo ruivo. Eles me deram óculos redondos para usar e colocaram uma cicatriz na minha testa. Passei o dia inteiro no estúdio com outros finalistas. Em certo momento até tingiram meu cabelo de ruivo-Rony, embora felizmente eu tenha escapado de outro *mullet* laranja com permanente. Comecei a cogitar a ideia de que talvez fosse muito legal interpretar esse tal de Harry Potter...

Mas a seleção terminou e não ouvi mais nada por semanas.

Ah, bem. Notícia ruim viaja rápido, certo?

Errado.

Nossas férias anuais em família aconteceram num Eurocamp na França. Mãe, pai e os quatro meninos Felton se enfiaram na van Transit azul que tinha a tendência de regularmente quebrar no meio da estrada. Aquelas foram as melhores férias da minha vida, sem dúvida. Baguetes frescas. A descoberta da Nutella. Lembro-me de passar aquele verão em meio às barracas, brincando livremente com meu ioiô enquanto minha mãe lia o jornal. Ela me chamou para mostrar uma fotografia.

A foto mostrava dois garotos e uma garota. Um dos meninos tinha cabelo escuro. O outro tinha uma cabeleira ruiva. A menina tinha um longo cabelo castanho frisado e imediatamente a reconheci como a criança com a qual eu havia sido não tão generoso no teste. O título dizia: "Elenco de Harry Potter revelado".

Eu fiz uma demonstração de indiferença. "Ah, bem", falei. "Na próxima." E saí para continuar brincando com meu ioiô. Não vou mentir, havia uma pontada de decepção. Mas a dominei rapidamente e dez minutos depois já tinha superado. Talvez tivesse sido divertido ser um bruxo, porém não ia acontecer, então era melhor aproveitar minhas férias e brincar com meu ioiô ao ar livre.

E então, é claro, fui chamado de volta. Eles não me queriam para Harry ou Rony (ou Hermione). Tinham outro papel em mente. Draco Malfoy, o vilão. Aparentemente.

Gostaria de dizer a você que o Tom de doze anos ficou inspirado a se entocar com alguns livros de Harry Potter como resultado de estar envolvido nos testes, mas não ficou. Isso me ajudou, eu acho. Os produtores do filme não estavam exatamente procurando atores: estavam procurando pessoas que *fossem* esses personagens. Com Daniel, Rupert e Emma, eles acertaram na mosca. Os três basicamente *são* – ou pelo menos eram – Harry, Rony e Hermione. E embora eu goste de pensar que Draco e eu não éramos *exatamente* iguais, com certeza havia algo na minha indiferença geral que chamou a atenção. Draco teria ido para casa e se enterrado, ao estilo Hermione, nos livros de Harry Potter? Acho que não. Ele mentiria em uma pergunta sobre qual personagem estava mais animado para ver na tela? Possivelmente.

Você tinha de agir como o personagem, porém, mais importante, tinha de se parecer com o personagem. Eles decidiram que precisavam ver como eu ficava com o cabelo branco. Isso significou a primeira das muitas sessões de descoloração que se tornariam parte da minha vida nos dez anos seguintes. Demorou muito mais do que eu esperava para chegar ao meu primeiro visual Malfoy. Você não pode simplesmente passar de uma cor para a outra, em especial quando está clareando. Trata-se de aplicar camadas de água oxigenada e depois cobrir com a tinta. A água oxigenada queimou minha cabeça na primeira sessão. Parecia que saúvas estavam mordiscando meu couro cabeludo. Agonia. Então eles disseram que precisariam repetir o processo e eu implorei para que não o fizessem. Minha súplica foi ignorada: voltei direto para a cadeira do cabeleireiro. Inicialmente foram seis ou sete sessões em uma questão de dias para chegar na cor. Era importante para os produtores do filme que a cor fosse exata. Eles precisavam ver como o loiro-Malfoy ficava perto do ruivo-Weasley ou do castanho-Granger. Passei horas fazendo testes de câmera ao lado de amostras de diferentes cores para que eles tivessem uma ideia de como eu ficaria nas vestes escuras de Hogwarts, por exemplo, ou no uniforme verde e prata do time de quadribol da Sonserina.

E precisavam saber como eu ficaria na tela ao lado de Harry, Rony e Hermione. Os três principais personagens estavam lá em um dos meus últimos testes, para que os produtores pudessem ver como nossas cores, nossas alturas e nossos comportamentos em geral influenciavam uns aos outros. Chegamos ao ponto do processo de seleção em que precisávamos ler uma cena juntos – nenhuma bagunça com ovos de galinha agora –, então trabalhamos no primeiro encontro de Harry e Draco.

Eu sou um ano mais velho que Rupert, dois anos mais velho que Daniel e quase três anos mais velho que Emma. Conforme fomos passando pelos filmes, essa diferença de idade se tornou menos importante. Mas há uma grande diferença entre alguém com doze anos e alguém com nove anos, e minha lembrança é de que eu me *sentia* muito mais velho. Esses primeiros momentos foram tão esquisitos quanto qualquer primeiro encontro entre crianças. Estávamos todos com muita vergonha (Rupert um pouco menos...). Longe das câmeras, eu provavelmente tinha uma atitude um pouco distante em relação a essas crianças mais novas. Eu era o produto de uma família com três irmãos mais velhos, lembre-se, e uma boa parte da antipatia adolescente deles tinha passado para mim. Sem dúvida um pouco disso foi transferido para os testes de câmera. Mas será que isso me ajudaria a conseguir o papel?

Uma ou duas semanas depois, eu estava no jardim da casa do meu amigo Richie jogando futebol. A mãe dele, Janice, gritou pela janela: "Tom, sua mãe está no telefone!".

Eu fiquei um pouco irritado. O jogo não estava favorável para mim. Entrei correndo na casa e atendi o telefone impaciente, bufando. "Oi?"

"Você conseguiu!"

"O quê?"

"Você conseguiu o papel!"

"Que papel?"

"Draco!"

Houve um momento de silêncio enquanto eu assimilava a notícia.

"Legal", eu disse. "Acho que vai ser divertido."

Então eu disse: "Hã, posso ir agora, mãe? Estou perdendo de dois a um".

Gostaria de dizer que houve fogos de artifício, mas, de verdade, eu só queria voltar para o futebol. Voltei para o jardim. Richie estava lá segurando a bola, impaciente. Muito raramente senti vontade de contar a algum amigo sobre o que fazia nessa outra parte da minha vida. A indiferença que encontrei no Crazy Tots anos antes tinha me ensinado que era improvável que eles ficassem remotamente interessados. Mas nessa ocasião, eu *senti* a necessidade. "O que foi?", Richie disse.

"Nada demais. Eu só consegui um papel. Acho que vai ser divertido."

"Qual papel?"

"Em Harry Potter. Vou fazer o malvado."

"Harry quem?"

"Deixa pra lá. Vamos terminar esse jogo ou o quê?"

Eu perdi aquele jogo, mas ganhei um papel.

E assim tudo começou.

8.
A leitura de mesa *ou* beijos no bumbum

Roteiros escritos. Elenco completo. Mas o primeiro dia de filmagem não pode acontecer logo quando o elenco tem o primeiro contato com o roteiro. Os produtores precisam saber que tudo vai funcionar quando as câmeras começarem a gravar e que tudo está acontecendo como deve. E é por isso que é necessária uma leitura de mesa. O nome já diz tudo. Todos se sentam ao redor de uma mesa e leem o roteiro em voz alta.

Eu já tinha ido a leituras de mesa antes, mas nada perto dessa magnitude. Foi mais do que um pouquinho intimidador quando vi o tamanho do elenco. Nós fomos a um galpão gigante nos estúdios Leavesden, onde encontramos mesas formando um quadrado enorme de seis metros por seis e uma multidão de atores adultos, atores mirins e seus responsáveis. As crianças se cumprimentaram e ficaram conversando por um tempo, mas, assim como meu personagem, eu me achava melhor que os outros. Pediram que os responsáveis se sentassem nas laterais do galpão, então, enquanto minha mãe se acomodava com uma boa xícara de chá, eu tomei meu lugar naquela mesa imponente. Olhei ao meu redor e observei algumas das pessoas que seriam parte da minha vida pelos dez anos seguintes. Eu já havia conhecido Daniel, Rupert e Emma, claro. Parece estranho dizer isso agora, mas os rostos deles não eram de forma alguma os mais famosos do galpão – não que eu tenha percebido isso na hora. Alguns dos atores britânicos mais conhecidos dos últimos anos estavam reunidos naquele espaço. Sir Richard Harris estava a uma ponta da mesa, Dame Maggie Smith, à outra. Richard Griffiths, John Hurt, Julie Walters… Eu estava cercado pela realeza da atuação, e sequer sabia quem muitos deles eram. Estava nervoso, mas se tivesse entendido na companhia de quem eu estava, teria ficado *mais* nervoso ainda.

Havia exceções. De um dos lados da mesa estava um homem de semblante sério, com um rosto familiar e um nariz característico. Era Alan Rickman, e fiquei aterrorizado, não por causa da ameaça que ele exalava como Severo Snape, mas porque eu adorava o filme *Robin Hood: O Príncipe dos Ladrões* e era obcecado pela performance de Alan como o desonesto Xerife de Nottingham. Estar no mesmo ambiente que o xerife em pessoa era o bastante para penetrar até minha máscara de garoto metido. Em outra lateral da mesa estava um homem que parecia um pouco menos sério, com um risinho sarcástico engraçado que me faz rir até hoje quando me lembro. Rik Mayall era um herói para mim e meus irmãos, especialmente Ash. Tínhamos crescido assistindo as séries *The Young Ones* e *Bottom*, e ele frequentemente nos fazia gargalhar. Eu mal podia esperar para chegar em casa e contar a eles que tinha conhecido o "Rik com P mudo". Eu podia até estar em meio à realeza, mas o mais inacreditável para mim era estar no mesmo lugar que Rik.

O roteiro estava na minha frente. Eu o havia folheado, me concentrando no meu papel, mas não tinha lido tudo. Em outros filmes da franquia, os roteiros viriam com marcas-d'água individuais, para que, caso algum deles vazasse, eles soubessem quem tinha sido o responsável. Esses ainda não tinham marcas-d'água, mas isso não diminui sua importância. O roteiro era infalível. Jo Rowling era, com razão, bastante superprotetora em relação a suas histórias, e Steve Kloves, que adaptou os livros para as telas, era mantido em rédeas curtas. É claro que ele não pôde incluir tudo, caso contrário, cada filme teria sete horas de duração. Mas, uma vez que o roteiro era aprovado, havia bem pouca margem para mudar alguma coisa. Dito isso, era importante ouvir tudo em voz alta porque só assim você consegue identificar trechos que não funcionam ou são muito lentos ou muito chatos. E, embora eu não soubesse na época, a leitura de mesa pode ser um processo cruel para os atores envolvidos. Se, ao ouvirem aquilo em voz alta, os produtores não gostarem do sotaque de uma pessoa em contraste com o de outra, ou se alguma coisa simplesmente não soar bem, eles não vão pensar duas vezes e vão simplesmente cortar ou substituir o ator. Aconteceu com Rik Mayall, embora não tenha sido na leitura de mesa. Ele interpretava Pirraça, o *poltergeist* arteiro, e gravou todas as suas cenas. Era de se pensar que não havia atuação mais perfeita, mas, por uma ou outra razão, o papel dele acabou sendo cortado da versão final.

Em sequência, todos ao redor da mesa foram se apresentando. "Oi, eu sou o David Heyman e sou um dos produtores." "Oi, eu sou o Daniel e vou interpretar Harry Potter." "Eu sou o Richard e vou interpretar Alvo Dumbledore." "Eu sou o Tom e vou interpretar Draco Malfoy." Robbie Coltrane e Emma Watson estavam sentados lado a lado. Quando chegou a vez deles, eles inverteram os papéis. "Eu sou o Robbie e vou interpretar Hermione Granger." "Eu sou a Emma e vou interpretar Rúbeo Hagrid." Eu achei hilário na época, o enorme Robbie e a pequenina Emma trocando os papéis, e era típico de Robbie Coltrane aliviar qualquer tensão na sala com seu senso de humor brilhante. Ele entendia que era impossível estar num cômodo cheio de crianças e tentar levar tudo muito a sério, e tinha um talento especial para dar um toque de leveza ao ambiente.

Não que eu ainda não estivesse nervoso. A leitura começou. Todo mundo foi brilhante. Eu podia sentir minhas primeiras falas chegando, páginas e páginas adiante. Eu as tinha grifado com marca-texto e dobrado as folhas. Repeti as falas para mim mesmo na minha cabeça. *É verdade, então, o que disseram no trem. Harry Potter veio para Hogwarts.* Tive um flashback repentino daquele momento, anos antes, quando eu interpretava a Árvore Número 1, esqueci minha fala e saí cambaleando e em lágrimas. Claro que isso não aconteceria agora...

Chegou a minha vez. Li minha fala correndo e tudo ficou bem. A maior parte do meu nervosismo desapareceu. No meio da leitura, fizemos um intervalo. Rik Mayall se levantou de um pulo e gritou:

"Corrida até os banheiros!". Ele saiu correndo como um Flautista Encantado maluco, com vinte crianças correndo atrás dele. Eu era o primeiro da fila.

Fazer um filme é coisa séria. Pessoas investiram muito dinheiro no projeto. Elas estão arriscando a própria pele e querem ver seu investimento sendo usado de maneira adequada. Havia vários VIPs na leitura de mesa naquele dia, fazendo exatamente isso. Mas eu tive a sensação, graças a pessoas como Robbie e Rik, de que gravar *Harry Potter e a Pedra Filosofal* seria muito divertido. Seria um sucesso? Haveria mais filmes? Eu não sabia. Nem pensava sobre isso, para ser sincero. Era só mais um filme para mim na época. Eu não esperava que fosse mudar a minha vida.

Muito mais empolgante que a leitura de mesa em si foi a oportunidade que eu tive, no final, de reunir toda a minha coragem e me apresentar para Rik Mayall. O aniversário de Ash se aproximava, e minha mãe tinha levado na bolsa o cartão que entregaria a ele, que eu timidamente pedi que Rik assinasse. Gentilmente, ele aceitou. Para minha completa satisfação, ele escreveu: "Feliz Aniversário, Ash. Com carinho, Rik Mayall. Beijos no bumbum". Então saiu rebolando, ao estilo do Pirraça, para divertir outras crianças.

Minha mãe olhou para o cartão, balançou a cabeça e franziu a testa. "Não tenho certeza disso, Tom", ela disse. "Não acho apropriado."

"Relaxa, mãe", respondi. "É uma piada." Eu guardei o cartão como se fosse um tesouro. E *era*. Meus irmãos não estavam nem um pouco impressionados com meu bico como ator, mas beijos no bumbum enviados por Rik Mayall valiam ouro.

9.
Draco e Darwin *ou*
como Malfoy conseguiu seu sorrisinho

Meu avô é brilhante. Ele se chama Nigel Anstey e é geofísico. Um geofísico eminente, devo acrescentar, que recebeu uma longa lista de prêmios e tem até um com o nome dele. Quando chegou a hora de ir para a locação para gravar *Pedra Filosofal* e eu precisava de um acompanhante, meu avô se candidatou. Minha mãe não poderia se ausentar do trabalho mais uma vez, então minha avó Wendy foi ajudá-la com a casa enquanto vovô e eu pegávamos a estrada.

Com sua longa barba grisalha, meu avô parece o Darwin, ou, se você preferir, um bruxo velho e sábio, motivo pelo qual, quando Chris Columbus o viu pela primeira vez nas escadas dos estúdios Leavesden, enquanto ele me acompanhava para fazer o cabelo e a maquiagem, achou que ele daria um excelente professor de Hogwarts.

```
INT. ESCADARIA, LEAVESDEN STUDIOS. DIA.

Um homem idoso e barbado acompanha uma criança
loira desarrumada até a área de cabelo e maquiagem.
Eles encontram Chris Columbus, que para por um
momento, pisca duas vezes e inclina a cabeça.

    COLUMBUS
    (com o entusiasmo de um diretor estadunidense)
    Ei, o senhor leu o livro?
```

```
VOVÔ
(reservado como um acadêmico britânico)
Li, sim.

COLUMBUS
O senhor daria um ótimo bruxo!
Já pensou em atuar?

VOVÔ
Nunca pensei.

COLUMBUS
Bem, nós adoraríamos tê-lo em Hogwarts!
O senhor consideraria essa possibilidade?
```

Uma pausa.

```
VOVÔ
Vou considerar.
```

Nunca se tinha ouvido falar de um familiar de um dos atores fazendo uma aparição como figurante nos filmes. Meu avô foi a exceção. No primeiro filme, procure por ele na extrema direita da mesa dos professores, na primeira vez que os alunos entram no Salão Principal, ou quando o professor Quirrell anuncia que há um trasgo nas masmorras, ou sentado ao lado de Lee Jordan no primeiro jogo de quadribol. Ele também tem uma estranha semelhança com Richard Harris, então era sempre chamado para ser o *stand-in* de Dumbledore para alinhar as tomadas. No entanto, sua influência no filme se estendeu a mais que breves aparições em câmera.

Minha avó adora histórias sobre fadas, espíritos, magia, fantasmas e *goblins*. E eu herdei dela essa paixão. Meu avô, por outro lado, é um cientista das antigas. Ele é lento, metódico e muito racional. Meus irmãos e eu costumávamos jogar xadrez com ele, e ele acabava com a gente toda vez, embora insistisse em usar sempre os cinco minutos a cada movimento. Perdíamos de tédio pelo menos em metade das vezes. Mas, com todo o seu racionalismo, ele tem uma grande paixão pelas artes. Ama ópera, música clássica e contemporânea, teatro, poesia e cinema. Então ele ficou, eu acho, feliz de participar do filme e feliz de me ajudar a me preparar para o papel.

 Eu tinha uma tendência a me embananar quando falava. Minhas palavras se atropelavam por puro entusiasmo e eu até comecei a desenvolver uma leve gagueira. Meu avô me ensinou a falar mais devagar. A articular as palavras clara e precisamente. É uma lição importante para qualquer jovem ator, mas meu avô me equipou com mais que apenas conselhos genéricos. Ele foi fundamental no desenvolvimento de um dos traços mais característicos de Draco: o sorrisinho.

 Draco não seria nada sem seu sorrisinho, então meu avô insistiu que eu precisava praticá-lo. Nós nos sentamos em frente a um espelho em um hotelzinho na locação, tentando acertar o ponto. Ele me disse para imaginar que eu estava sorrindo por alguma coisa terrível. Se o sorriso for muito grande, é feliz demais. Então meu avô garantiu que fosse pequeno e vil. Assim que conseguimos isso, ele me ensinou a erguer e inflar as narinas como se estivesse sentindo um cheiro horrível. "Perfeito", ele disse. "Agora faça isso com apenas uma narina." Por fim, me encorajou a canalizar para o meu sorrisinho a frustração que eu sentia por ser o irmão mais novo, menor, mais fraco. Havia bastante frustração com que trabalhar! Todo irmão mais novo se sente injustiçado, e se Draco conseguisse tratar o restante do elenco do jeito que eu sentia que meus irmãos às vezes me tratavam, eu certamente estaria fazendo alguma coisa certa.

 Fiz o que meu avô disse. Sentei-me em frente ao espelho e me lembrei de todas as vezes que meus irmãos me chamaram de lombriga e de fracote. De todas as vezes que eles monopolizaram o controle remoto e não me deixaram ver nadinha na TV. De quando Jink ficava me provocando enquanto jogávamos bilhar na mesa de quinta categoria que meu pai tinha conseguido no mercado de pulgas de Dorking. Peguei meu taco e o atirei nele como um míssil. De maneira egoísta, ele se esquivou, e o taco voou direto através do painel de vidro da porta dos fundos, estilhaçando-o.

É claro que meus irmãos sempre serão meus melhores amigos, e minha casa não era nada parecida com a Mansão Malfoy, e sim um lugar feliz, divertido e amoroso. Draco é o produto de uma família sombria e abusiva, e eu sou o produto de uma carinhosa. Mas aquelas sessões com meu avô em frente ao espelho me ensinaram uma coisa importante sobre a arte de atuar. Um ator leva consigo uma parte dele mesmo para o papel, trabalhando com elementos de sua própria vida e os transformando em algo diferente. Eu não sou Draco. Draco não sou eu. Mas a fronteira não é em preto e branco. É pintada em tons de cinza.

10.
Indesejável nº 1 (Parte 2) *ou*
Gregório Goyle e o chocolate quente explosivo

Fazer um filme é uma colaboração. Os filmes de Harry Potter foram resultado de centenas de imaginações criativas, desde Jo Rowling, passando pelos departamentos de arte e pelas equipes de câmera, até alguns atores sensacionais. Para mim, no entanto, a cola que manteve tudo junto nos dois primeiros filmes, o cara que fez com que eles sejam o que são, foi o diretor Chris Columbus.

Eu era fã dele sem nem saber. Ele tinha feito alguns dos meus filmes favoritos na infância, como *Uma Babá Quase Perfeita* e os filmes de *Esqueceram de Mim* com Macaulay Culkin, cujos fãs eu roubei em Nova York quando era criancinha. Mas que criança pensa em quem é o diretor quando está assistindo a um filme? Se eu tinha ficado tranquilo atuando ao lado de Jodie Foster ou John Goodman, certamente não ligaria de trabalhar com um diretor cujo nome nunca tinha ouvido. Mas isso logo mudou. Columbus rapidamente se tornou um tipo de mentor para mim no set, e sem ele minhas performances teriam sido inquestionavelmente diferentes.

Columbus tinha uma compreensão inata de como trabalhar com crianças e como extrair o melhor de nós. Acho que não se é capaz de fazer um filme como *Esqueceram de Mim* sem ter um toque divertido, infantil. Ele entendia que, se você coloca vinte crianças juntas em uma sala, não demora muito até que todas elas estejam fazendo bagunça por todo lado (luta de dedão e brincadeiras de mão estavam entre os jogos favoritos). Ele não tentava impedir aquilo. Pelo contrário, encorajava. Columbus tinha uma habilidade maravilhosa de não ser consumido pela enormidade do projeto. Ele curtia e se divertia no processo. Uma de suas diversões era montar uma pequena quadra de basquete, com uma só cesta, bem no meio do estúdio. No começo era só para ele, para fazer algumas cestas no horário de almoço. Duas ou três pessoas se juntaram a ele, então eu perguntei se poderia jogar. "Claro, cara, vem, vem!" Por fim, cerca de oito pessoas almoçavam e depois iam jogar por 45 minutos. O problema era que, depois de quinze minutos, meu cabelo e minha roupa estavam encharcados de suor e cada centímetro da minha maquiagem pálida estava escorrendo pelo meu rosto. Columbus levou uma bronca da equipe de cabelo e maquiagem por nos deixar ficar naquele estado. "Desculpe, cara", ele me falou, genuinamente chateado. "Eu quero que você jogue, mas simplesmente não podemos." (Eu ainda dei uma escapadinha para jogar algumas vezes depois disso, mas tentei suar o mínimo possível.)

Columbus não era um grande defensor de nos dizer o que fazer ou como atuar. De trás de seu monitor, ele tinha um conhecimento crítico do que fazia uma cena funcionar. Então parecia saber exatamente o que dizer para cada pessoa para extrair o que quisesse de nós. Além disso, muitas vezes, importava mais o que ele *não* falava do que o que *falava*. A estratégia era estabelecer um ambiente em que a atuação das crianças acontecesse natural e organicamente. O melhor exemplo disso foi a primeira vez que entramos no Salão Principal. Todas as crianças tinham sido intencionalmente mantidas fora do set até o dia em que fôssemos filmar aquela cena. Enquanto isso, Columbus garantiu que tudo ficasse magnificamente perfeito. As mesas estavam postas, os figurantes, em seus lugares. Centenas de velas acesas estavam penduradas no teto por linhas de pesca (que mais tarde derreteram, fazendo com que as velas despencassem). Dumbledore, Hagrid, Snape – e meu avô – estavam sentados à Mesa Principal com os trajes completos. Não havia céu estrelado, é claro, só uma estrutura enorme como teto, mas era impossível entrar naquele espaço pela primeira vez e não ficar boquiaberto. A reação dos primeiranistas de Hogwarts que você vê no filme é genuína. Estávamos tão impressionados quanto parecíamos, do jeito como Columbus espertamente pretendera. Ele não precisou nos dizer para fazer nada. Teve apenas de arquitetar as circunstâncias perfeitas para conseguir a reação que estava buscando. (É claro que, por fora, eu ainda estava exibindo um pouco da minha postura de sabichão, meh, nada-me-impressiona, então, apesar de estar tão chocado quanto todas as outras crianças, eu posso ter feito uma expressão um pouco menos encantada. Tenho certeza de que tudo isso era parte do plano de Columbus: minha atitude se encaixou perfeitamente no papel.)

O entusiasmo de Columbus era implacável. Seu refrão era sempre: "Sensacional, cara, isso foi *sensacional*!". Nós até começamos a imitá-lo perto do final do segundo filme, com nossos próprios usos de "Sensacional, cara!", mas tenho certeza absoluta de que ele não teria se importado. Na verdade, teria nos encorajado. Columbus queria que fôssemos brincalhões, que nos divertíssemos, porque sabia que isso transpareceria diretamente na tela.

Individualmente, sua técnica de direção era igualmente perspicaz. Por ele ser um cara tão legal, todos os atores jovens queriam impressioná-lo, e eu não era exceção. Columbus costumava enfatizar bastante o quanto amava odiar Draco. Toda vez que eu dava aquele sorrisinho ou exalava superioridade, ele dizia "Corta!", franzia o rosto e, com um sorriso, dizia: "Ah, seu *miserável*!". Em vez de me dizer o que queria, Chris reagia positivamente às partes da minha atuação que o agradavam. Fazendo isso, conseguia extrair a performance de mim sem estresse ou cobranças. Para mim, é a evidência de um grande diretor.

Mas nem tudo pode ser farra. A atitude descontraída de Columbus era engendrada precisamente para tirar o melhor de seus atores mirins, mas não podíamos ser *tão* descontraídos assim. Com um monte de crianças no set, seria o caos. Então, como manter uma multidão de arruaceiros cheios de energia sob controle quando o chefe está mais focado em garantir que eles estejam se divertindo? Alguém tinha de ser, se não exatamente o policial mau para o policial bom que Columbus interpretava, pelo menos um policial *rígido*. Entra em cena Chris Carreras: o segundo Chris crucial no set de Harry Potter.

Carreras era o primeiro assistente de direção. O braço direito de Columbus. Isso significa que ele coordenava o set. Era responsabilidade dele garantir que tudo corresse tranquila e pontualmente, que todo mundo soubesse o que devia fazer e em que momento fazer. O que não é uma tarefa fácil quando você tem um mar de crianças empolgadas para controlar. Carreras era o homem certo para o trabalho. É um dos mais bem estabelecidos e respeitados primeiros assistentes de direção da indústria e conduzia aquele set como se deve, como se fosse um sargento. Aonde quer que ele fosse, carregava um grande apito preto pendurado no pescoço, e no primeiro dia fez um discurso para nós. Como Dumbledore anunciando para a escola que o corredor do terceiro andar era um lugar proibido para aqueles que não quisessem ter uma morte muito dolorosa, Carreras ergueu o apito e determinou a lei: "Se eu apitar e vocês não pararem de falar, eu *vou* mandar vocês de volta para casa".

Carreras era um cara legal, mas todos nós tínhamos um pouquinho de medo dele. Eu não acho que ele realmente *teria* nos mandado de volta para casa, mas ele tinha aquela seriedade e inspirava respeito o bastante para que acreditássemos que *poderia*. Então, sempre que ele soprava aquele maldito apito, todas as crianças que estavam por perto paravam o que estivessem fazendo, fechavam o bico e escutavam.

Com talvez uma exceção ocasional.

Josh Herdman, que interpretava Goyle, e eu costumávamos nos meter em uma certa quantidade de encrencas. Eu me lembro claramente do primeiro dia em que gravamos na estação de King's Cross. Era um dos poucos dias em que meu pai tinha ido me acompanhar, e fico feliz em relatar que não fui o único Felton a causar problemas. Ele entrou no set e ficou compreensivelmente impressionado ao ver todos os objetos cenográficos, câmeras, multidões de figurantes e, claro, a placa "Plataforma 9 ¾", que havia sido erguida ali pela primeira vez e precisava ficar escondida do mundo exterior. Meu pai sacou a câmera, empolgado, para tirar uma foto dela. É claro que isso era estritamente proibido e contrário à etiqueta do set. Um assistente de direção o viu de costas e gritou que alguém estava tirando fotos. Corta para uma aglomeração de pessoas tentando furiosamente localizar o *paparazzo* facínora. Meu pai rapidamente escondeu a câmera, apontou em outra direção e gritou: "Ele foi por ali!". E assim conseguiu evitar uma bronca daquelas.

Eu tive menos sorte. Aquele dia estava congelante, então eles providenciaram chocolate quente do Costa Coffee para todas as crianças. Eu virei o meu de uma vez e coloquei meu copo de papel vazio no chão. Josh o esmagou com um pisão. Ele fez aquilo parecer muito legal. Mas Josh estava bebendo o chocolate dele devagar e ainda não tinha tomado quase nada quando ouviu o apito de Carreras. Ele colocou o copo no chão e ficou de pé, atento. Eu fui um pouco menos obediente. Para não ficar para trás, e imaginando que o copo de Josh também estivesse vazio, pulei o mais alto que pude e aterrissei no copo com os dois pés. É bem impressionante a bagunça que um chocolate quente explosivo pode fazer em todas as vestes de Hogwarts em um raio de três metros e meio. A última coisa que um produtor de cinema com um cronograma apertado quer é um monte de adolescentes sujos e encharcados cujo figurino precisa urgentemente ser limpo. O desapontamento de Carreras estava na cara dele. Ele caminhou até onde estávamos e nos lançou um olhar que teria feito o próprio Snape tremer de medo. Um olhar que dizia: seus merdinhas! Eu fiquei de verdade com medo de Carreras naquele momento e genuinamente pensei que minha carreira como Draco poderia terminar antes mesmo que tivesse começado. Felizmente, detectei o menor dos sorrisos enquanto ele me repreendia. Eu tinha escapado, embora nunca mais tenham permitido que tomássemos chocolate quente no set de novo. E embora eu quisesse dizer que ser o foco da ira de Chris Carreras tenha nos colocado na linha dali em diante, receio que não seria a verdade...

Desde o primeiro momento em que me ofereceram um papel nos filmes de Harry Potter, as regras estavam claras: eu não tinha permissão para fazer *nada* perigoso. Esquiar? Sem chance. Esportes radicais? Você só pode estar de brincadeira. Era o anúncio do Barclaycard na minha vida mais uma vez. As restrições faziam sentido. Ninguém quer gastar milhões de libras gravando metade de um filme para depois descobrir que precisa regravar uma parte enorme porque um dos atores vai precisar passar os seis meses seguintes no hospital com três ossos quebrados.

Até mesmo machucados pequenos podem causar problemas – e causavam. Quando estávamos gravando o segundo filme, meu amigo Richie, na casa de quem eu estava quando minha mãe me ligou para contar que eu tinha conseguido o papel de Draco, foi dormir na minha casa. Nós dormimos na sala da frente, eu no sofá, Richie no chão. Na época, os Felton eram os mais novos proprietários de um telefone sem fio, e Richie e eu ficamos a noite toda passando trotes. As luzes estavam apagadas para que minha mãe não soubesse que ainda estávamos acordados.

"Joga o telefone pra cá", cochichei empolgado.

Richie fez exatamente isso. Jogou o telefone. Com força. Teoricamente, sendo parte do time de quadribol da Sonserina, eu deveria ser bom com as mãos, mas, quando me estiquei para pegar o aparelho, minhas habilidades de apanhador deixaram a desejar. O telefone me atingiu em cheio na testa. *Merda.* Tateamos em busca do interruptor e acendemos a luz. Richie me encarou. "O que foi?", perguntei. "*O que foi?* Dá pra ver alguma coisa?"

"Ai... meu... Deus", soltou Richie.

Um galo do tamanho de um pomo de ouro tinha aparecido imediatamente na minha testa. Nada legal nem mesmo em circunstâncias normais. Especialmente nada legal quando você tem uma cena importante para gravar na manhã seguinte no Salão Principal.

Minha mãe ligou para o set logo cedo. "Hum, o Tom teve um pequeno acidente..."

"Certo", respondeu uma pessoa da produção, em grande sofrimento. "Foi muito feio?"

"Hum, não está *tão* perceptível", ela mentiu. "É só um pequeno galo na cabeça..."

Mas, naquela manhã, fui recebido pela equipe de cabelo e maquiagem com um silêncio atônito. Eu parecia algo saído de um episódio de *Tom e Jerry*. Uma maquiadora me conduziu apressadamente para a cadeira e fez o melhor que pôde para cobrir meu machucado ridículo, mas todas as minhas tomadas no Salão Principal naquele dia tiveram de ser feitas do meu lado bom, graças à péssima mira de Richie e à minha inabilidade como apanhador.

Então as regras foram rigidamente reforçadas: não façam nada perigoso.

Mas regras foram feitas para serem quebradas, certo?

Essa era certamente a minha visão naqueles primeiros dias de Potter. Uma das nossas primeiras locações para uma gravação foi o castelo de Alnwick, em Northumberland, onde filmamos a cena da aula de voo com Zoë Wanamaker como Madame Hooch. Aquela única cena levou pelo menos três ou quatro dias: tempo o bastante para eu me meter em uma boa quantidade de encrenca com Alfie Enoch, que interpretava Dino Thomas. Alfie era um ano mais velho que eu, um cara esperto e engraçado. Em vez de seus pais ou de um familiar o acompanharem, Alfie tinha a assistência de uma profissional e, como eu, adorava andar de skate. O que, é claro, era estritamente proibido. Um jovem ator irresponsável poderia se machucar bastante andando de skate. Apesar disso, eu tinha conseguido contrabandear um na minha mala. Logo identifiquei uma daquelas ladeiras perfeitamente asfaltadas que a gente às vezes encontra no meio do nada e convenci Alfie de que seria uma boa ideia se saíssemos de fininho para experimentar.

Não era uma boa ideia. Era uma ideia que tinha "desastre" escrito nela em letras garrafais. Mas não nos importamos com isso. Subimos a ladeira correndo para ver no que dava. Acho que tivemos o bom senso de não ficar de pé no skate, só descemos sentados como se fosse um trenó de bobsled. Isso não nos ajudou em nada quando a responsável por Alfie nos encontrou descendo a ladeira a toda velocidade sem nenhuma preocupação com a nossa segurança ou com o problema que poderíamos causar ao filme se nos machucássemos. Ela ficou uma fera, nós ficamos arrasados e eu acabei logo tachado como uma má influência.

Gostaria de pensar nisso como algo irrelevante. Mas a verdade é que não era. Quase imediatamente após as gravações começarem, a vida começou a imitar a arte e eu me vi numa panelinha com Jamie e Josh – Crabbe e Goyle. Josh e eu já tínhamos ficado conhecidos como arteiros pela produção, por causa do chocolate quente explosivo em King's Cross, mas logo fomos nos aproximando de explosões de outro tipo.

Estávamos gravando em Newcastle e arredores e ficamos hospedados no mesmo hotel, o que era legal, porque podíamos nos encontrar depois das filmagens. Ficamos muito empolgados quando Josh revelou que tinha conseguido levar consigo uma réplica de pistola de festim. Era algo de que minha mãe nunca, nem em um milhão de anos, me deixaria chegar perto, e com razão. Era idêntica a uma arma de verdade, mas não atirava nada. Não tinha balas, mas ainda assim não era o tipo de coisa que alguém ia querer nas mãos de um trio de adolescentes encrenqueiros. E isso, é claro, já era metade da emoção.

Estávamos loucos para disparar a arma, mas não conseguíamos pensar em um bom lugar para fazer isso. Obviamente não poderia ser no hotel, e até nós sabíamos que seria estúpido levar a arma sequer para perto do set. No fim das contas, esperamos até tarde da noite para dar uma escapada até o andar subterrâneo de um edifício-garagem que ficava por ali. O andar estava vazio, e imagino que tenhamos concluído que seria um bom lugar para atirar sem assustar ninguém e, o mais importante, sem sermos pegos.

Mas nos esquecemos de considerar a acústica.

Se você já esteve em um desses estacionamentos, sabe o eco que fazem. Então imagine o barulho que uma arma faz, especialmente uma de festim. Josh apontou a arma. Nós nos preparamos. Ele puxou o gatilho. O barulho foi ensurdecedor. Soou e ecoou por todo o estacionamento.

Se queríamos disparar a arma sutilmente, tínhamos escolhido basicamente o pior lugar em Newcastle para fazer isso. Nós nos entreolhamos horrorizados conforme o eco do tiro não cessava. Ele reverberou e continuou no ar como se fosse um berrador no Salão Principal.

Então saímos correndo.

Acho que nunca corri tão rápido quanto naquele dia. Suando e sem fôlego de tanto pânico, nos afastamos do estacionamento, voltamos para o hotel e nos trancamos cada um no seu quarto. Eu estava morrendo de medo de que alguém nos pudesse ter visto, de que fôssemos dedurados e levados à polícia ou, pior, a David Heyman, o produtor. O que aconteceria? Com certeza seríamos mandados embora. Com certeza aquele seria o fim de tudo? Com certeza nem Chris Columbus conseguiria manter o bom humor diante das nossas façanhas idiotas?

Esperei, o sangue gelando nas veias, pela batida na porta ou, pior, pelo som do apito de Chris Carreras. Nenhum deles chegou. Tínhamos escapado de uma bala – quase literalmente. E, mesmo que nunca mais tenhamos sido idiotas a ponto de disparar uma arma de festim em um estacionamento vazio, uma conexão se desenvolve entre pessoas que aprontam e não são pegas. Draco, Crabbe e Goyle eram um trio encrenqueiro nas páginas e nas telas. Algumas pessoas podem ficar com a impressão de que o trio da Sonserina era ainda pior na vida real, pelo menos naqueles primeiros dias. Prefiro não comentar.

II.
Um dia no set *ou*
o sanduíche saboroso de Severo Snape

Talvez você imagine que um dia de gravação no set de Harry Potter seja um dia de glamour bruxo ou de tratamento de estrela de Hollywood.

Permita-me quebrar essa imagem.

Não me entenda mal: ser um ator em um set de filmagem certamente é melhor do que estar na escola. Mas descobri que a realidade é diferente da expectativa da maioria das pessoas.

Um dia típico de estúdio começava com uma batida na minha porta às seis da manhã. Era Jimmy (nós carinhosamente o chamávamos de Dose de Cafeína), meu motorista havia nove anos, animado, confiante e pronto para me levar para o trabalho. Como qualquer adolescente, eu era o oposto de animado e confiante àquela hora do dia. Saía da cama cambaleando e, agarrado ao travesseiro, andava feito um zumbi até o carro – um BMW Série 7 verde-escuro com entre-eixos longo, de que eu realmente não precisava. Acomodado no banco do passageiro, eu repentinamente virava um carroléptico e cochilava durante a hora e meia de trajeto entre minha casa e os estúdios, onde Jimmy me deixava no icônico Portão 5.

O Portão 5 levava aos camarins, ao escritório da produção e ao departamento de arte. Era o bloco mais gasto e detonado que eu já tinha visto. Escadas velhas e bambas e piso grudento de linóleo xadrez. Frequentemente lá fora estava caindo o mundo ou o cinza sem graça do céu fazia questão de me lembrar de que estávamos na Inglaterra, não em Hollywood. Ainda com a visão embaçada de sono, eu ia até o refeitório tomar café da manhã: fritada de batata e feijão, um belo banquete britânico para nutrir um adolescente faminto. Em seguida me arrastava pelas escadas frágeis até o escritório da produção para pegar meus "sides", que eram minirroteiros informando a ordem das gravações do dia e quais falas eu precisaria saber. Para desespero dos segundos assistentes de direção, cujo trabalho era produzir e distribuir esses roteirinhos, eu sempre perdia os meus.

Próxima parada: o camarim. Meu trajeto me levava por dentro do departamento de arte. Era um lugar verdadeiramente impressionante, onde artistas absurdamente talentosos se sentavam ao redor de uma mesa gringotesca estilizando objetos cenográficos de argila para o mundo mágico ou construindo maquetes perfeitas de vários ambientes do set. No departamento de arte ficava o escritório de David Heyman. Ser chamado para ir lá era como ser chamado para a diretoria, normalmente para discutir alguma coisa importante. Daniel, Emma e Rupert tinham camarins lado a lado no final de um corredor, com uma mesa de pingue-pongue pertinho (nota: a jovem Emma Watson jogava pingue-pongue muito bem). O meu camarim ficava em outro corredor. Uma placa na porta dizia "Draco Malfoy". Era praxe que as placas tivessem o nome dos personagens em vez do nome do ator. (Para o sexto filme, Alan Rickman mudou a placa do camarim dele para "Príncipe Mestiço".) Se alguém pensasse que meu camarim era um casulo de conforto e privilégio ultrajantes, seria destituído dessa visão assim que entrasse. Era uma salinha minúscula, pintada de branco, com uma arara de metal para as roupas e uma cadeira de plástico. Meus trajes de Hogwarts – ou qualquer que fosse o figurino do dia – ficavam pendurados na arara. Eu me trocava e ia para a ala de cabelo e maquiagem.

Fazer o cabelo e a maquiagem para os filmes de Harry Potter era uma grande operação. Os artistas precisavam lidar com vinte ou trinta atores por dia, e eu provavelmente ficava uma hora na cadeira toda manhã, ainda mais se eles precisassem retocar minha raiz, o que acontecia a cada nove dias. Às vezes eu passava por tudo isso e acabava nem aparecendo nas filmagens do dia. (Timothy Spall certa vez me disse que atua de graça – só é pago para esperar.) Tínhamos de estar lá preparados para a remota chance de sermos necessários para uma cena, o que muitas vezes não se concretizava. Isso podia ser um pouco frustrante, embora fosse pior para um ator como Warwick Davis, que interpretava o Professor Flitwick e o duende Grampo. Eram necessárias três ou quatro horas para fazer o cabelo e a maquiagem dele, e mais umas duas para tirar tudo. Um longo tempo lá sentado para no fim das contas nem ser chamado ao set.

Então aqui estou eu, completamente vestido de Draco, meus trajes estão esvoaçando e meu cabelo está bem descolorido. O que significa que é hora de ir para a escola. E a escola em questão, infelizmente, não era Hogwarts, mas uma sala branca e sem graça no final de outro corredor onde um dos vários professores estaria nos esperando. Havia um requisito legal de que todas as crianças em idade escolar recebessem um mínimo de três horas de aula por dia. Esse requisito era respeitado, literalmente, até os milissegundos. Nosso tempo de aula era cronometrado. Assim que pegávamos as canetas, o cronômetro era ligado, e, assim que as soltávamos para ir para o set, era desligado. Até um período de cinco minutos contava para as três horas necessárias, e a natureza liga-desliga do processo não era muito propícia para uma aprendizagem eficaz.

Não que eu estivesse particularmente interessado em aprender de um jeito eficaz. Eu odiava as aulas. Não tinha nada a ver com os professores; minha mãe havia recomendado Janet, que tinha sido minha professora no set de *Anna e o Rei*, e ela chefiava uma equipe de professores que faziam o melhor que podiam. Eu normalmente ficava em uma sala com no máximo mais outras duas crianças, em geral Jamie ou Josh, porque era comum que aparecêssemos nas mesmas cenas, mas eu estava sempre distraído. Assim que alguém vinha nos chamar para fazer a marcação de cena no set, eu ia correndo.

Havia oito estúdios em Leavesden, de A até H. Cada um era essencialmente um galpão gigante, onde eles construíam os sets com minúcia impressionante. A produção levou incontáveis toneladas de terra para dentro de um dos galpões e plantou árvores de verdade para criar a Floresta Proibida. Em outro, havia o tanque de água, que era o maior do mundo na época. Como já mencionei, o Salão Principal era uma obra-prima. Ele ficava lá no último estúdio, o mais longe do Portão 5. Era uma longa caminhada, ou, se você desse sorte, um trajeto divertido de carrinho de golfe. (Tentei ir até lá de skate em diversas ocasiões e até tentei dirigir eu mesmo uma ou duas vezes. Fui duramente repreendido em todas.) O trajeto passava por várias tendas brancas onde os técnicos e outros membros da equipe trabalhavam duro no que quer que fosse necessário para as gravações do dia. Conforme a franquia foi avançando, a rua foi ficando cheia de pedaços de cenários de filmes anteriores. Passávamos por enormes peças de xadrez de *Harry Potter e a Pedra Filosofal*, o Ford Anglia azul ou – o mais impressionante – as estátuas gigantes de cabeça de cobra que ficavam lado a lado na entrada da Câmara Secreta. As estátuas eram muito detalhadas e pareciam vivas e pesadas. Só quando você se aproximava dava para ver que eram feitas de isopor e não pesavam praticamente nada. Outros estúdios ficavam cobertos do chão ao teto com objetos de cena e de decoração que teriam sido um sonho para qualquer fã de Harry Potter explorar.

O set mais impressionante, que viria a aparecer em filmes futuros, era a Sala Precisa. Ela transbordava de parafernália bruxa aleatória. Havia baús e malões, instrumentos musicais, globos, frascos e bichos de pelúcia esquisitos. Havia cadeiras e livros empilhados até o teto, desequilibrados para parecer que cairiam a qualquer momento (na verdade ficavam presos no lugar por fios de aço que atravessavam os objetos ao meio). O lugar era cheio de todo tipo de curiosidade normalmente encontrada em lojas de antiguidades, mas aos milhares. Dava para ficar um ano passeando pelo set e ainda assim não ver tudo. Era bem legal.

A marcação de cena é o processo de passar pela cena antes, para que, na hora de gravar, todo mundo saiba o que tem que fazer, quando tem que fazer e, o mais importante, onde tem que ficar. Esse processo é importante para o diretor e os atores porque dá a eles a oportunidade de testar as falas, os movimentos e as expressões faciais de várias maneiras diferentes. Para mim, em geral, a orientação era ficar de pé num canto parecendo arrasado ou ir me sentar no meu lugar habitual no Salão Principal e agir naturalmente. Os atores adultos tinham mais liberdade. Aprendíamos bastante vendo artistas daquele calibre fazendo suas cenas evoluírem ao longo do processo. O texto era sagrado, mas a interpretação era fluida e as cenas aos poucos ganhavam vida.

A marcação também era importante para a equipe de câmeras, porque uma cena pode ter muitas partes móveis, e eles precisam entender os diversos ângulos que devem captar. Tínhamos o luxo de ter uma equipe de câmera enorme e muito tempo, então esse era um trabalho complexo. Imagine gravar uma cena no Salão Principal. Pode haver uma tomada das portas se abrindo, uma do teto, uma de Harry, Rony e Hermione sentados à mesa da Grifinória, outra de Hagrid e Dumbledore na mesa dos professores. Pode haver uma discussão entre Harry e Draco, e os gênios por trás das câmeras precisam decidir como filmar a resposta de Draco por cima do ombro de Harry. Eles colocam sacos de feijão enormes no chão para que todo mundo se lembre das posições. Muitas vezes a linha de visão é muito diferente do que parece natural, então eles colocavam pedaços de fita adesiva ao redor das lentes da câmera para sabermos para onde olhar.

Quando a marcação terminava, ainda faltava muito para que estivéssemos prontos para gravar. Às vezes levava duas ou três horas para ajustar a iluminação, e havia não só um tempo mínimo pelo qual nós, crianças, precisávamos ter aulas mas também um limite legal de tempo que cada pessoa podia ficar no set de filmagem a cada vez – e, sim, alguém estava cronometrando isso também. Então nos mandavam de volta para a sala de aula enquanto nossos lugares no set eram assumidos pelos *stand-ins*. Eles não eram sósias nossos, mas eram pessoas com mais ou menos a mesma altura e o mesmo tom de pele dos atores. Repetiam os nossos movimentos enquanto a iluminação era ajustada, e nós marchávamos de volta para as definitivamente menos empolgantes aulas de matemática ou qualquer outra coisa com Janet e sua equipe de professores. Com um clique do cronômetro, estávamos de volta aos estudos até que o set estivesse mais uma vez pronto para nos receber para uma tomada.

Na hora do almoço, nos reuníamos no refeitório, o que era sempre divertido. Não havia divisão de papéis. Um eletricista pegava a fila para o almoço logo atrás de uma bruxa e um duende, então vinham um operador de câmera, um carpinteiro e Hagrid. Conforme os filmes avançaram, as agendas de gravação foram ficando mais cheias, especialmente para Daniel, Emma e Rupert, e a tendência era que alguém nos trouxesse o almoço para ganharmos tempo. Não houve nenhum dia, no entanto, em que Alan Rickman, completamente vestido com os trajes esvoaçantes de Snape, não fosse visto segurando sua bandeja e pegando a fila para o almoço junto com todo mundo. Alan me intimidava bastante desde o primeiro dia. Demorei uns três ou quatro anos para conseguir falar mais que um "Oi, Alan!" aterrorizado e agudo sempre que o encontrava. Mas vê-lo ali, totalmente vestido de Snape, esperando pacientemente o seu sanduíche de linguiça amenizava um pouco o sentimento.

Uma característica comum de um dia de gravação eram os visitantes no set. Quase sempre eram crianças, e a maior parte das visitas era em prol de alguma instituição de caridade. Alan Rickman era de longe o que mais solicitava visitas para as instituições que apoiava. Eu tinha a impressão de que ele levava algum grupo quase todo dia. E, se alguém entendia o que uma criança queria ver em uma excursão ao set de Harry Potter, era ele. Nenhum dos visitantes estava interessado em conhecer Daniel, Rupert, Emma ou, no caso, eu. Eles queriam conhecer os personagens. Queriam colocar os óculos do Harry, ganhar um *high five* do Rony ou um abraço da Hermione. E, como Daniel, Rupert e Emma eram parecidos, na vida real, com os personagens que representavam, eles nunca decepcionavam. Era um pouco diferente para nós, sonserinos. Posso ter conseguido o papel de Draco em parte por causa de nossas semelhanças, mas eu gostava de pensar que não era *tão* draquesco a ponto de ser desagradável para um grupo de crianças nervosas e animadas. Então eu as cumprimentava, todo sorrisos, e era tão amigável e receptivo quanto conseguisse. "Oi, gente! Vocês estão se divertindo? Qual é o set favorito de vocês?" E, caramba, como eu estava errado. Sem exceção, todas ficavam assustadas e confusas. Draco ser um cara legal era tão absurdo para elas quanto Rony ser um babaca. Elas não sabiam muito bem como processar aquilo. Alan entendia sem que ninguém precisasse dizer nada. Ele entendia que, embora elas talvez até quisessem conhecer o Alan Rickman, gostariam muito mais de conhecer o Severo Snape. Sempre que ele era apresentado aos jovens visitantes, dava a eles a experiência completa com o Snape. Eles recebiam um puxão de orelha e uma ordem ríspida e arrastada para colocar... a... camisa... para dentro! As crianças arregalavam os olhos e ficavam divertidamente aterrorizadas. Era uma coisa bonita de se ver.

Conforme os anos foram passando, aprendi que algumas pessoas têm dificuldade para distinguir fato e ficção, fantasia e realidade. Às vezes isso podia ser desafiador. Mas eu gostaria de ter tido a confiança de Alan para permanecer no personagem durante algumas daquelas visitas nos estúdios Leavesden. Não há dúvida de que, fazendo isso, Alan alegrou o dia de muita gente.

12.
Fãs *ou*
como (não) ser um babaca completo

O Odeon na Leicester Square.

Eu já tinha ido a uma noite de estreia lá antes, claro, quando Ash e Jink se cobriram de glória. Digo, vômito. Então, a primeira estreia de Harry Potter não era um território totalmente inexplorado para mim. Minha família e eu chegamos em dois táxis pretos. Eu saí de terno e gravata, com a camisa para fora, o botão de cima aberto (para desgosto do meu avô), e, apesar da empolgação do público, me permiti apreciar os fãs, as câmeras e o caos total. Mas, depois do filme, quando estávamos saindo, um garotinho correu até mim. Acho que era o filho de um dos figurões do estúdio. Ele não devia ter mais que 5 anos e me confrontou com fúria no olhar.

```
EXT. ODEON LEICESTER SQUARE. NOITE.

    CRIANÇA
    Ei! Você é o Draco?

    TOM
    Hum, sim.

    CRIANÇA
    (com raiva)
    Você foi um babaca completo!
```

>   TOM
>   (*perplexo*)
>   Oi?
>
>   CRIANÇA
>   Eu disse que você foi um *babaca completo*!
>
>   TOM
>   Espera aí... o quê?
>
>   CRIANÇA
>   Vaza!

A criança dá as costas para Tom em um sinal de completa indignação e desaparece no meio da multidão. Tom coça a cabeça, tentando entender o que raios acabou de acontecer.

Eu não entendi. Por que ele estava me tratando daquele jeito? O que eu tinha feito de errado? Será que ele estava criticando minha atuação? Foi só quando me virei e vi meu avô sorrindo que percebi que aquela era uma Coisa Boa. Ele me explicou que *era mesmo* para o garoto me odiar. Se um garotinho de 5 anos tivera aquela reação visceral à minha atuação, significava que eu devia ter feito alguma coisa direito. A ficha caiu e eu entendi que, quanto mais babaca eu fosse, quanto mais as crianças me odiassem, mais divertido seria.

 O que eu não entendia completamente na época era que alguns fãs tinham dificuldade de fazer a distinção entre Tom, o ator, e Draco, o personagem. Compreensível em uma criança de 5 anos, mas talvez um pouco mais difícil de entender em alguém mais velho. Em uma pré-estreia nos Estados Unidos, uma mulher se aproximou de mim com um olhar gélido.

EXT. TIMES SQUARE, NOVA YORK. NOITE.

    MULHER GÉLIDA
    Por que você é *tão* babaca com o Harry?

    TOM
    (*pego meio de surpresa*)
    Desculpe, o quê?

    MULHER GÉLIDA
    Você não pode parar de ser tão *cuzão* com ele?

Tom *olha ao redor, claramente se perguntando se consegue sair de fininho. Mas não vai dar. Ele está encurralado.*

    TOM
    Hum, você está brincando, né?

É a coisa errada a dizer. O olhar gélido da mulher fica ainda mais gélido. Ela aperta os olhos. E os lábios.

    MULHER GÉLIDA
    Não, eu *não* estou brincando. Você não tem que ser cruel assim com um pobre garoto que perdeu os pais!

Tom *abre a boca. Então a fecha. Quando a abre de novo, escolhe as palavras com cuidado.*

    TOM
    Certo. Ok. Bom ponto. Eu vou, hum… dar o meu melhor para ser mais gentil no futuro.

Era o que a mulher queria ouvir. De cenho franzido, ela assente com satisfação, se vira e se afasta pisando forte.

De certa forma, a tendência que algumas pessoas têm de confundir o personagem e o ator é um elogio. Não quero de forma alguma superestimar minha contribuição para o mundo de Harry Potter e o efeito que o fenômeno teve na vida dos fãs. Se eu não tivesse aparecido para fazer o teste naquele dia, algum outro ator teria conseguido o papel, teria atuado bem e todo o projeto teria sido basicamente o mesmo. Mas há certa satisfação em saber que minha performance cristalizou a noção que as pessoas faziam do personagem, mesmo que isso tenha significado que às vezes elas confundissem fantasia com realidade.

Aprendi que ocasionalmente era importante não estragar a magia. Ao longo dos anos eu seria convidado para inúmeras Comic Cons, onde fãs se reúnem para celebrar seu entusiasmo por filmes, livros e outras manifestações da cultura pop. Em uma das primeiras, quando eu tinha 16 anos, estava sentado de frente a uma plateia de milhares de pessoas respondendo a perguntas sobre Harry Potter. No meio do auditório, havia uma fila de fãs esperando sua vez para pegar o microfone e me fazer uma pergunta. Chegou a vez de uma menininha que estava vestida de Hermione dos pés à cabeça, e cuja mãe estava segurando o microfone, porque ela não tinha altura suficiente. De olhos arregalados, ela perguntou: "Como é voar numa vassoura?".

Eu imediatamente disse a verdade: "É incrivelmente desconfortável. Basicamente, eles prendem a gente em um selim de bicicleta num cano de metal, e eu provavelmente nunca vou poder ter filhos por causa disso". Minha resposta despertou algumas risadas, mas deu para ver a magia escorrendo dos olhos da garotinha, e na hora eu soube que tinha dito exatamente a coisa errada. No dia seguinte, a mesma pergunta veio de outra pequena Hermione. "Como é voar numa vassoura?"

Eu tinha aprendido a lição. Então me inclinei para a frente, num gesto conspiratório, pisquei para ela e perguntei:

"Você já tem 11 anos?"

"Não."

"Então sua carta ainda não chegou?"

"Não."

"Espere só", eu disse. "*Espere só.*" O rosto da garotinha se iluminou, e dava para sentir a empolgação do público. Agora, sempre que alguém me faz essa pergunta (e, acredite, ainda acontece), é essa a resposta que eu dou.

Depois do lançamento do primeiro filme, comecei a receber algumas cartas de fãs pelo estúdio. Hoje em dia os fãs interagem nas redes sociais, mas naquela época ainda mandavam cartas. Quase imediatamente, comecei a receber montes de cartas. A minha correspondência não era nem de longe tão abundante quanto a de Daniel, Emma e Rupert, é claro (acho que eles tinham uma equipe na Warner Brothers dedicada apenas a fazer a triagem das cartas deles). Mas ainda assim era bastante. Minha mãe lia as cartas antes, para ter certeza de que não havia nada ofensivo ou obsceno, e então eu passava um bom tempo lendo todas. Mas não se engane: como o mais novo de quatro irmãos, não havia nenhuma chance de eu deixar o fato de receber cartas de fãs me subir à cabeça (Chris: "Quem é que escreveria pra ele?"). Ninguém em casa dava qualquer indicação de achar impressionante ou sequer incomum receber pacotes e pacotes de cartas como eu recebia. Fico grato por isso, porque ler centenas de cartas de admiradores pode transformar certo tipo de pessoa em certo tipo de ambiente em certo tipo de idiota. Eu passava, sim, um bom tempo lendo as cartas, pelo menos no começo. Sentia que, já que as pessoas tinham gastado o tempo delas escrevendo para mim, não seria legal ignorá-las. Eu respondia a tantas quantas conseguisse. Mas, em dado momento, aquilo se tornou demais. O volume total de cartas era enorme. Minha mãe investigou a possibilidade de pagar alguém para administrar minha correspondência, só que a conta não fechava. Então minha habilidade de gerenciar as cartas foi diminuindo conforme o personagem de Draco crescia.

A maioria das cartas que eu cheguei a ler eram carinhosas. Algumas eram culturalmente estranhas para mim. Os fãs japoneses, por exemplo, às vezes enviavam colheres de prata como amuletos de sorte. Então, se você eventualmente precisar de uma colher, é só me pedir. Doces e chocolates chegavam de todos os países do mundo, e minha mãe não me deixava comer nenhum, para o caso de estarem envenenados. Mas uma correspondência particularmente esquisita ficou na minha memória. Um cara nos Estados Unidos tinha mudado legalmente o nome para Lucius Malfoy, e o nome da casa dele para Mansão Malfoy. Ele queria que eu mudasse meu nome para Draco Malfoy e fosse morar com ele. Minha mãe gentilmente declinou da oferta em meu nome (Chris: "Ah, não, manda ele embora!"). Pareceu engraçado na época. Nós com certeza demos risada. Mas ao olhar em retrospecto percebo que aquilo pode ter sido *um pouquinho* sinistro.

Esse foi um dos muitos incidentes bizarros que viriam. Uma família espanhola (os pais e duas crianças) apareceu na minha escola trouxa um dia. Eles foram entrando e começaram a me procurar. É claro que foram rapidamente convidados a se retirar, e fui avisado para tomar cuidado quando fosse embora. Quem sabe o que aquela família tinha em mente ou pensou que aconteceria, mas certamente naquele dia pedalei um pouco mais rápido para casa.

Tive de normalizar esse jeito incomum de crescer ou teria enlouquecido. De algumas maneiras eu nem achava tão difícil. Meu comportamento britânico, naturalmente reservado, faz com que até hoje eu fique um pouco surpreso quando alguém se aproxima de mim e pergunta: "Você é o Tom Felton?". Fico me perguntando o que isso tudo significa. Como foi que isso aconteceu? É claro, sempre tive meus três irmãos para me lembrar de que eu era uma lombriga. Além do mais, eu entendia como era ser fã. Havia pessoas que eu admirava e eu também via o comportamento em pessoas do meu círculo. Uma vez participei de uma esquete da Comic Relief com Rupert. Havia vários rostos bem conhecidos lá – James Corden, Keira Knightley, Rio Ferdinand e George Michael, por exemplo –, mas a grande estrela era

Sir Paul McCartney. Minha mãe era muito fã dele, então perguntei a Sir Paul se poderia apresentá-los. Ele gentilmente disse que sim, então fui atrás da minha mãe e falei: "É a sua chance!". Eu a levei para cumprimentá-lo, mas no último momento ela ficou apavorada demais e não conseguiu seguir com o plano. Sir Paul veio perguntar por ela, porém tive de desapontá-lo levemente. "Desculpe, meu amigo, você vai ter que esperar outro dia para conhecê-la."

Mas, conforme os anos passaram e a popularidade dos filmes aumentou, o mundo do fandom foi ficando de certa forma mais complicado. Não me entenda mal, tem alguma coisa estranhamente empolgante em ser reconhecido, em perceber que um encontro casual com um desconhecido é um grande evento para ele. Só que, do mesmo modo, pode ser hostil de um jeito estranho, especialmente se você estiver com outras pessoas que não fazem parte daquele mundo. Nunca me esqueço de um dia no aeroporto de Heathrow, quando eu tinha uns 17 anos e estava prestes a pegar um voo para os Estados Unidos com minha namorada da época. Enquanto esperávamos o embarque, entramos em uma loja para comprar petiscos, e no minuto seguinte senti aquela cosquinha familiar que significa que alguém está me observando. Eu me virei e vi um grupo de dezenove (nós contamos) estudantes estrangeiras olhando para mim. Todas cobriam o rosto com as mãos e davam risadinhas nervosas. Imediatamente comecei a me contorcer e tentei evitar contato visual pegando uma revista de costura que estava por perto para folhear. Estava bem óbvio que elas tinham me reconhecido, e ainda mais óbvio que eu não estava estudando pontos de crochê, mas essa foi a primeira vez que me lembro de fãs bem-intencionadas me deixando desconfortável. E não era apenas o fato de que estar cercado de pessoas querendo tocar suas roupas pode ser uma experiência desconcertante. Havia milhares de pessoas no aeroporto. A reação em cadeia de uma pessoa me reconhecendo, depois duas, depois quatro, poderia sair do controle. Para sorte das meninas, minha mãe não estava lá – ela pode ser bem radical quando as pessoas se amontoam ao meu redor. Tirei uma foto com as fãs, elas se dispersaram e eu fiquei sentindo um misto curioso de vergonha, alívio e gratidão. Eu estava começando a entender que a fama é uma droga estranha.

Outros fãs eram, e são, mais obstinados e persistentes. De um jeito esquisito, eles se tornam parte da sua vida. Você meio que desenvolve uma relação com eles, e eu achava que valia a pena tentar entender por que eu e outros membros do elenco éramos um foco tão grande para eles. Uma senhora britânica parecia – e parece até hoje – simplesmente surgir magicamente onde quer que eu estivesse. A primeira vez que a notei foi quando ela me pediu um autógrafo durante uma viagem de divulgação em Paris, e desde então ela parecia estar em todo canto. Eu aceitava participar de um evento meia hora antes de ele começar e de alguma maneira ela aparecia. Não faço ideia de como ela sabia que eu estaria lá. No começo eu não achava aquilo nada saudável. Certamente minha mãe ficava furiosamente superprotetora se houvesse alguma chance de essa mulher aparecer. Então, um dia ela ficou do lado de fora de um evento por quatro horas só para poder me entregar um cartão dizendo que sentia muito por meu cachorro Timber ter morrido. Foi um gesto carinhoso, acolhedor, que me fez reavaliar minha opinião sobre ela. Depois eu acabei até indo à casa dela e descobri que nunca tivera filhos, e, na cabeça dela, meio que adotou as crianças de Harry Potter. Como eu fui o único que deu alguma atenção, ela acabou se agarrando a mim. Foi uma situação incomum, mas um lembrete da importância que essas histórias e filmes tiveram na vida das pessoas.

Sendo o ator que interpretou Draco Malfoy, eu me vejo como uma referência na memória das pessoas. Quando elas me veem, são transportadas para outro lugar, outro momento, da mesma forma que ouvir determinada música pode evocar uma lembrança específica. Já conheci fãs que me contaram que os livros e filmes os ajudaram a passar por algum momento difícil. É uma verdade dura de ouvir. J. K. Rowling certa vez disse que os momentos mais gratificantes para ela são quando descobre que o seu trabalho ajudou alguém a passar por um momento difícil, e eu concordo. É claro que às vezes as pessoas reagem de maneiras incomuns ao me ver, mas tento lembrar que essas reações são consequência do lugar que essas histórias e filmes têm no coração delas, e busco agir com isso em mente. Só porque Draco se comporta como um babaca, isso não quer dizer que eu precise fazer o mesmo.

Mas pode ser difícil.

Tenho 25 anos e estou com alguns amigos na praia de Topanga, na Califórnia, surfando pela primeira vez. Meus amigos experientes estão me ensinando como fazer: quais ondas procurar, como subir na prancha, toda a parte técnica. Não estou realmente prestando atenção. Estou pensando: *Vou só esperar até sentir a prancha se mover, aí vou me levantar e tentar surfar.* A primeira onda vem. Tem um tamanho razoável. Fico de pé na prancha, mantenho o equilíbrio e passo por dentro. Essa coisa de surfar é fácil!

Ou talvez não seja. Nas cinco ondas seguintes eu levo o maior caldo. Engulo um bom tanto de água do mar e descubro que ser sacolejado debaixo d'água sem a menor noção de onde é cima e onde é baixo te deixa muito desorientado e é bem assustador. Destruído, me arrasto para fora do mar até a areia, cuspo a água salgada que engoli e faço um gesto para meus amigos preocupados sinalizando que estou bem. Só me deem um minuto, ok?

Então eu as vejo. Duas moças jovens, paradas a uns vinte metros, segurando uma câmera, apontando para mim e cochichando. *Agora não*, penso. *Por favor, agora não!* Mas elas se aproximam, meio tímidas, e dá para ver que estão prestes a falar alguma coisa. Sei o que elas querem, mas meu senso de humor falha miseravelmente. Eu me levanto e balanço os braços. "Ok!", grito. "Vamos lá! Quem quer sair na foto?"

As duas se entreolham. Um olhar meio estranho. Mas de fato uma delas ergue a câmera. "Tudo bem", digo. "Já estou acostumado."

Elas se olham daquele jeito estranho de novo, depois olham para mim. Então, em um inglês meio falho com sotaque italiano, uma delas pergunta: "Com a prancha de surfe?".

"Claro! O que vocês quiserem! Pode ser uma foto comigo e a prancha!"

Elas balançam a cabeça. Então, meio hesitantes, me entregam a câmera. E só então percebo que elas não têm a menor ideia de quem eu sou: só querem que eu tire uma foto delas com a prancha como uma lembrança da viagem que fizeram à Califórnia.

Eu estava me achando naquele dia, com certeza. E também aprendi duas lições importantes. Primeira: presumir as coisas pode causar a maior confusão. E segunda: surfar é difícil pra caramba.

13.
Como voar em uma vassoura *ou* as vespas e o fracote

Como é voar numa vassoura? Bem, se você chegou até aqui, já sabe que essa é uma pergunta capciosa. Já sabe que eu aprendi bem cedo a não arruinar a magia para as crianças na Comic Con. E, se você preferir se lembrar dos jogos de quadribol de Harry e Draco como as batalhas mágicas que apareciam nas telas, sugiro gentilmente que pule para o próximo capítulo.

Um dos primeiros lugares onde gravamos foi o castelo de Alnwick, onde consegui colocar Alfie Enoch e eu em uma situação difícil de manobrar com um skate. Foi lá também que aconteceu nossa primeira gravação com vassouras. Zoë Wanamaker interpretava Madame Hooch, e os calouros de Hogwarts estavam em sua primeira aula de voo.

Mas não foram apenas Madame Hooch e os alunos do primeiro ano que apareceram para a aula. Era um dia quente e ensolarado, e, atraídos pelo cheiro das espessas camadas de maquiagem e gel para cabelo que usávamos, enxames de vespas começaram a se interessar por nós. Mais especificamente, por mim. O penteado de Draco exigia a aplicação de um tubo inteiro de gel todo dia. Minhas madeixas loiras ficavam tão duras que era como se eu estivesse usando um capacete balístico Kevlar. E, até onde as vespas sabiam, o gel de cabelo podia muito bem ser geleia de morango. Elas estavam muito interessadas. Abrindo o jogo: quando se trata de vespas, sou um fracote. Draco até podia agir com superioridade na cena, mas fora das câmeras eu me debatia como um peixe no asfalto, fugindo, gritando e tentando esmagá-las (e não é impossível, é claro, que, quanto mais as pessoas rissem da minha situação ridícula, mais eu exagerasse o aparente desespero).

Madame Hooch ao resgate. O cabelo espetado dela precisava de uma quantidade parecida de gel, então Zoë Wanamaker tinha o mesmo problema que eu. Ela me ensinou uma estratégia para lidar com as vespas. "Basta repetir as palavras 'árvores verdes'", foi o que ela disse.

Oi?

Ela me explicou que as vespas não iam me machucar, e que eu precisava encontrar uma maneira de relaxar quando elas estivessem por perto. E repetir o mantra "árvores verdes" era uma forma de fazer isso. Então, quando você vir o Draco naquela cena, pode me imaginar dizendo essas palavras baixinho no fundo da cabeça e fazendo o possível para não gritar de terror conforme as vespas rondavam meu cabelo duro como pedra.

Resolvida a questão das vespas, os estudantes ficavam de pé frente a frente, em duas longas filas, com as vassouras no chão. Quando Madame Hooch desse o comando, todos deveriam dizer "Suba!" e, com níveis variados de sucesso, fazer as vassouras subirem até suas mãos. A questão era a seguinte: se qualquer tipo de magia ou efeito especial pudesse ser obtido na prática, essa era a melhor maneira de fazê-lo. Isso era especialmente sério nos primeiros filmes, quando as equipes de efeitos visuais ainda não tinham tecnologia tão avançada à disposição. Então, o que você não vê quando a câmera aponta para o espaço entre as duas filas de alunos são as pessoas deitadas no chão atrás de cada vassoura com uma ferramenta parecida com uma gangorra, erguendo as vassouras do chão e até fazendo-as levitar um pouco.

Mas voar nas vassouras de fato requeria um pouco mais de engenhosidade. Pessoas segurando gangorras não dariam conta. As cenas de voo eram todas feitas em um estúdio. Imagine uma sala enorme toda forrada de tecido azul – ou verde, nos últimos filmes. A vassoura era um cano de metal equipado com um selim de bicicleta muito desconfortável. Havia estribos para os pés e um arnês para nos impedir de cair. Eles nos prendiam ao cano para que não caíssemos, e havia um dispositivo parecido com uma gangorra, mais elaborado, que era usado para nos mover para cima e para baixo, para a esquerda e para a direita. Ventiladores eram ligados bem na nossa frente, para parecer que era o vento batendo no nosso cabelo. E, porque o fundo seria adicionado digitalmente depois e todos os nossos belíssimos movimentos na vassoura seriam editados em outro dia, era importante que todos os jogadores olhassem na direção certa em cada tomada. Para garantir que a sua linha de visão estivesse correta, um cara ficava segurando uma bola de tênis na ponta de uma vara com um pedacinho de fita laranja colado. Quando o primeiro assistente gritava "Dragão!" ou "Balaço!", você precisava olhar para a bola de tênis como se ela fosse, bem, um dragão ou um balaço. Às vezes havia mais de uma bola de tênis, e, como elas eram muito parecidas, depois de um tempo eles começaram a nos dar objetos mais específicos para os quais olhar. Escolhíamos fotos de algo ou alguém querido para nós. Daniel Radcliffe escolheu uma foto de uma Cameron Diaz particularmente bonita. Eu escolhi uma foto de uma carpa ainda mais bonita. Quero dizer, não dá para competir...

Gravar um jogo de quadribol ou alguma outra grande cena com vassouras era um processo lento, doloroso e que deixava a bunda quadrada. Os gênios por trás das câmeras tinham de trabalhar com um nível de precisão inacreditável. Eles filmavam os fundos antes, para ter como referência, e depois os atores nas vassouras, para poder sobrepor os dois. Os movimentos de câmera para ambas as filmagens tinham de ser exatamente os mesmos, e sempre parecia ter muita gente lidando com as câmeras e os computadores necessários para fazer aquilo acontecer. Não sei exatamente o que eles faziam – eu era só o garoto no cano de metal com o ventilador na cara, olhando para a foto de uma linda carpa –, mas sei que parecia levar uma eternidade para terminar até mesmo o menor período de gravação. Acabávamos aqueles dias de filmagem com uma bela dor na bunda.

Quando crianças, queríamos desesperadamente fazer o máximo de acrobacias que pudéssemos. Eu ainda tinha lembranças felizes dos treinos que fizera para *Os Pequeninos*, e por incrível que pareça meu breve desentendimento com a trave de equilíbrio não conseguiu diminuir meu entusiasmo por aquelas atividades. Certamente nós fazíamos bem mais acrobacias do que imagino que eles fossem nos deixar fazer hoje em dia. Na cena de *Harry Potter e a Câmara Secreta* em que Harry e Draco duelam em cima da mesa no Salão Principal, tivemos que gravar tomadas em que eles se atingiam com feitiços, um dos quais me atirava no ar e me girava. Isso tudo foi feito na prática. Usei um arnês de corpo inteiro, com um cabo saindo da parte de trás, que eles amarraram em volta do meu corpo várias vezes. Bastava um puxão no cabo e Draco saía girando. Eu me lembro de achar isso bem legal na época. Devia ter uns cem figurantes lá, e eu estava de pé em cima da mesa fazendo minhas acrobacias heroicas. Não importava que fosse um negócio doloroso ou que tenha me deixado com um hematoma feio onde o cabo ficava preso ao corpo. Foi um momento divertido para um ator adolescente metido. Acrobacias são bem legais, né?

Bem, sim e não.

A maior parte das acrobacias era feita não por nós, mas pela equipe de dublês. Tenho muito respeito por esses homens e mulheres que se colocam em situações extremas em nome do cinema, só para que a plateia se divirta. Basicamente, toda vez que você vê alguém caindo de uma vassoura, ou pulando, ou sendo atacado, pode ter quase certeza de que é um dublê, e não um de nós. Eu posso até ter me achado um pouco durante a cena do duelo, mas a verdade é que os dublês ficavam com o fardo mais pesado. Eles passavam bastante tempo – especialmente em *Harry Potter e a Câmara Secreta* – treinando com um equipamento chamado balanço russo. Imagine um balanço normal de parquinho, só que maior e com barras de metal em vez de cordas. O acrobata fica de pé na plataforma e a balança para trás e para a frente o mais alto que conseguir. Então, quando está o mais alto possível, pula e cai em um colchão. Parecia divertido, mas certamente era um trabalho para profissionais. E o profissional com quem mais me envolvi foi o incrível David Holmes – ou Holmesey, para os íntimos.

Holmesey era o dublê de Daniel desde o começo, e passou a ser o meu também a partir do segundo filme. Por causa das frequentes escapadelas de Harry e Draco, ele estava sempre ocupado. Ele normalmente fazia acrobacias vestido de Harry de manhã, parava para almoçar e voltava ao trabalho à tarde vestido de Draco. Era um atleta olímpico de ginástica desde muito jovem, e, em qualquer cena em que você vir Daniel ou eu fazendo algo perigoso, pode ter certeza de que na verdade era Holmesey. E durante as filmagens de *Harry Potter e as Relíquias da Morte* descobrimos que o trabalho acrobático não deve ser encarado de maneira leviana.

Os dublês fazem o que podem para minimizar o risco do trabalho. Mas não conseguem eliminá-lo completamente – não há maneira totalmente segura de cair de uma altura grande ou de ser atingido por um carro –, e é impossível estar preparado para uma situação inesperada. Que foi exatamente o que aconteceu enquanto gravávamos *Harry Potter e as Relíquias da Morte*. Holmesey e o restante da equipe estavam ensaiando uma acrobacia em que ele voava pelo ar e atingia uma parede, usando um arnês e sendo suspenso por um cabo de alta resistência. Algo deu errado. O cabo deu um puxão forte demais, e Holmesey atingiu a parede com muito mais força do que deveria, caindo em seguida logo abaixo em um colchão. Ele soube imediatamente que algo estava errado. Os paramédicos o levaram correndo para o hospital, onde ele descobriu que estava paralisado da cintura para baixo, com o movimento dos braços muito limitado, e que ficaria assim para o resto da vida.

Naturalmente, todo mundo que estava envolvido com a produção dos filmes ficou arrasado. Imagine num dia conseguir dar um mortal para trás sem hesitar e no dia seguinte estar deitado em uma cama de hospital ouvindo que você nunca mais vai andar. É claro que esse é um risco que os dublês correm diariamente no trabalho, mas a realidade, quando acontece, deve ser devastadora. Um homem não tão forte quanto Holmesey poderia ter deixado isso destruí-lo, e obviamente ele vive hoje uma vida muito difícil. Mas ele é a pessoa mais corajosa e determinada que já tive o prazer de conhecer. Tem um coração de leão e é até hoje um dos meus amigos mais queridos. Quando estava no hospital, o estúdio mandava comida para ele, para inveja dos outros pacientes da mesma ala. Então Holmesey insistiu que o estúdio cozinhasse para todos os pacientes de lá – ou todo mundo ganharia, ou ninguém. Esse era o Holmesey todinho. Apesar dos desafios que enfrenta, ele continua a nos alegrar, e sua determinação para viver a vida tão normal e ativamente quanto possível é uma verdadeira inspiração. Holmesey arrecada dinheiro incessantemente para o hospital que salvou sua vida, e hoje tem sua própria produtora. Ele é um lembrete constante, para mim, de que os dublês nos sets de filmagem merecem muito mais crédito do que recebem. Os atores ficam com toda a bajulação, mas muitas vezes são os dublês que nos fazem ficar bem nas telas, e Holmesey é o melhor deles. Ele é um farol.

Em homenagem a Holmesey, todo ano disputamos uma partida de críquete Sonserina *versus* Grifinória para arrecadar doações para o Royal National Orthopaedic Hospital, onde ele foi tratado nos dias que se seguiram ao incidente. Radcliffe e eu somos capitães dos times, e os ressentimentos da época de Hogwarts não diminuíram nem um pouco com o passar dos anos. Nem preciso dizer qual casa está na liderança, né?

14.
O melhor dos dois mundos *ou* o babaca da vassoura

Não era legal ser o Draco.

Assim que Daniel, Emma e Rupert foram escalados, a vida deles mudou. Eles saíram da escola, e, daquele momento em diante, Harry Potter foi a vida deles. Eles viviam numa bolha, de uma forma ou de outra, e qualquer chance que tivessem de uma infância normal praticamente despareceu. Para mim não era assim. Eu ia para o set semana sim, semana não, enquanto eles ficavam lá o tempo todo. Fora do mundo Potter, eu frequentava uma escola normal, tinha amigos normais e tentava muito ser um adolescente normal.

Talvez você conheça alguns adolescentes normais. Talvez você *seja* um adolescente normal. Se for, você sabe que ficar marcado como o diferente não é uma coisa boa. Então, sim, com meu cabelo descolorido e minhas constantes faltas à escola, não era legal ser o Draco. Para muitas pessoas nos corredores, eu era o idiota de Harry Potter. Era o babaca da vassoura.

Então, talvez eu compensasse isso de maneira exagerada. Minha fase de pré-adolescente arteiro evoluiu para algo mais destrutivo. Lembre-se de que eu tinha mudado de uma escola exclusiva, onde o mundo acadêmico era o que mais importava, para uma escola normal, em que ser mais ou menos descolado dependia da sua habilidade de conseguir cigarros ou de quão bom você fosse no skate ou no bicicross. Comecei a fumar, e já contei a você sobre minha incursão na HMV. Eu não era a pior peste da escola, nem de longe, mas sentia a necessidade de compensar minha outra vida com um pouco de normalidade. Costumava me atrasar para a aula e sempre cabulava a educação física ou escapava de bicicleta para comprar doces. Normalmente não dava em nada. Minha grade horária sempre mudava – muitas vezes eu faltava às aulas por estar gravando –, então os professores simplesmente achavam que eu não estava lá porque estava fazendo alguma coisa válida. Quando estava na aula, passava longe do aluno modelo. Não acho que fosse *terrível*, mas ficava sempre rabiscando o livro, conversando com meus amigos ou rebatendo os professores. Costumava carregar um *discman* no bolso, com o fio do fone de ouvido saindo pela manga da blusa. Então eu podia ficar na aula, com o rosto apoiado na mão, ouvindo música. Eu achava uma ideia genial. Meus professores, nem tanto. Perdi as contas de quantas vezes um professor irritado me disse: "Você sempre precisa ter a última palavra, Felton". E, porque eu *realmente* precisava ter a última palavra, respondia: "Sim, senhor", com o que imaginava ser um sorrisinho triunfal.

O problema é que, quanto mais velho você fica, menos bonitinha fica a sua impertinência. Hoje vejo que sumir da escola por semanas e depois aparecer de volta com aquele comportamento quase certamente parecia arrogante para os professores. Eles não me davam nenhum tratamento especial. Pelo contrário, na verdade. Lembro de um professor que me colocou no meu lugar ao tirar sarro da cor do meu cabelo e me perguntar quem tinha quebrado um ovo na minha cabeça, depois de eu, mais uma vez, insistir em ter a última palavra. Eu atrapalhava até as aulas de teatro, em que você poderia imaginar que eu não teria dificuldades. Não tinha nenhum problema em estar em um set de filmagem enorme fingindo ser um bruxo voando em uma vassoura com um ventilador no rosto, olhando para um cara segurando uma bola de tênis na ponta de um varão. Aquilo acontecia em um ambiente seguro, cheio de pessoas que pensavam como eu, e não afetaria minha posição social nem um pouco. Mas atuar em uma aula de teatro na frente de um monte de outros adolescentes que vão rir de você independentemente de errar ou acertar? Era uma coisa completamente diferente. Eu estava sempre na defensiva. Sem dúvida, devia parecer só o clássico deboche adolescente. Tenho certeza de que meus professores achavam que eu estava oferecendo a eles a experiência Draco completa, mas era mais complicado que isso. Reprovei em teatro com uma série de notas baixas (embora isso não tenha impedido que um professor de teatro me perguntasse, ironicamente, se eu conseguiria um papel para ele nos filmes).

Então eu não consegui o respeito dos meus professores por muito tempo, com talvez uma exceção. Todo aluno precisa de um Dumbledore na vida. E o meu era o sr. Payne, o diretor. Eu havia perdido as primeiras semanas de aula quando ele foi contratado, então ainda não o conhecia quando, um dia, ele bateu à porta da minha sala de aula de música, onde meu amigo Stevie e eu estávamos sentados num teclado inventando nossas próprias canções. Ele pediu para falar comigo. Saí da sala, sem saber muito bem por que tinha sido chamado pelo diretor. Mas não era nada sinistro. "Você não assistiu às aulas nas últimas semanas", ele começou. "Sou o sr. Payne e vou ser seu diretor pelo resto do seu tempo na escola, então vim me apresentar."

Imediatamente estendi a mão para ele e disse: "Tom Felton, prazer".

Claramente não era a resposta que ele estava esperando. Era a resposta de um garoto acostumado a passar muito tempo na companhia de adultos, alguém com um pezinho em um mundo diferente. A resposta de um garoto tentando desarmá-lo. Ele poderia facilmente ter dispensado meu aperto de mão ou tê-lo considerado bastante inapropriado. Mas não foi o que fez. Depois de hesitar por um momento, ele apertou minha mão e sorriu.

E continuou sorrindo, até quando eu me via na frente dele após cometer alguma contravenção, como frequentemente acontecia. Ele sempre era justo, nunca sarcástico. Tinha uma paciência e uma animação infinitas para compartilhar o amor que tinha pela disciplina que ensinava, matemática. Diferentemente de muitos outros professores, me tratava como se eu fosse um jovem adulto. Talvez ele entendesse que o meu comportamento não vinha de um desejo de dificultar a vida das pessoas, mas de uma necessidade inconsciente de impor alguma normalidade à minha existência. Talvez ele só fosse um cara legal. Só sei que ele manteve meus pés no chão durante aquela fase da minha vida. Sempre pensei que gostaria de voltar lá e repetir aquele aperto de mão depois de adulto. Se você estiver lendo isso, sr. Payne, obrigado.

A normalidade era o objetivo. Mas nem sempre era possível.
Eu costumava ir pescar com alguns amigos nos lagos de Spring Grove no fim da minha rua. Os lagos não tinham muitos peixes, mas esse não era o ponto. Nós íamos mais para conversar, fumar escondido e, se tivéssemos sorte, pegar alguma carpa. Eu falava para minha mãe que ia dormir na casa de um amigo, ele fazia o mesmo, e na verdade passávamos a noite ao ar livre, na beira da água, com varas de pescar, cigarros e uma lata nojenta de conserva fria de carne para nos alimentar. Vivendo o sonho.
Uma noite eu estava lá com mais três amigos. Nossas varas de pescar estavam a postos e tínhamos arrumado tudo para passar a noite, assim como já tínhamos feito muitas vezes antes. Estávamos conversando e dando risada quando de repente ouvi vozes a distância, se aproximando. Alguns minutos depois, um grupo de uns quarenta adolescentes apareceu. Senti meu estômago gelar. Eu não conhecia aquelas pessoas – eles deviam ser uns poucos anos mais velhos que eu –, mas já tinha experiência o suficiente para interpretar suas intenções. Era uma gangue de jovens entediados do bairro, que se divertiam roubando e arrumando encrenca. Eu soube instintivamente, conforme foram chegando, que iam achar que tinham ganhado na loteria se percebessem que eu era o babaca da vassoura. Se isso acontecesse, eu estaria ferrado de verdade. Tudo no comportamento deles me dizia que estavam a fim de brigar. E, com quarenta contra quatro, não tínhamos muita chance.
Fiquei de cabeça baixa e tentei sumir atrás dos meus amigos. Pensei que, em uma situação como essa, eles não iam querer ser associados ao idiota dos filmes do Harry Potter e fariam o possível para me manter fora da linha de visão da gangue.

Eu estava cinquenta por cento certo. Eles certamente não queriam ser associados a mim.

Antes que eu sequer percebesse o que estava acontecendo, meus três amigos fugiram. Eu não conseguia acreditar. Alguns dos meninos pegaram minhas varas de pescar e as jogaram dentro do lago, e, enquanto isso, o restante deles já tinha percebido quem eu era. Eu queria sair correndo, mas meus pés estavam grudados no chão de medo. Dois meninos ficaram um de cada lado e começaram a me provocar. Os dois tinham cigarros acesos na boca e ficavam encostando a ponta em brasa no meu rosto, para a diversão de todo o grupo. Parece dramático – *foi* dramático –, mas era muito pior a ameaça de violência velada que parecia circular pelo grupo. Mesmo que eu conseguisse reunir força o bastante para correr, eles me pegariam, agarrando mechas do meu cabelo descolorido e esfregando meu rosto na terra.

O grupo maior se aproximava cada vez mais. Tentei dar um passo para trás. Eles continuaram avançando, eu tropecei e me desequilibrei na lama, me preparando para o que estava por vir.

Então, de algum lugar atrás de mim, ouvi pneus cantando, um carro freando bruscamente. Olhei ansioso por cima do ombro e vi o Peugeotzinho do meu irmão Chris. Eu não o tinha chamado. Ele não sabia onde eu estava nem que estava em apuros. Ele apareceu completamente por acaso, e nunca fiquei tão feliz em ver alguém. Ele saiu do carro e se viu imediatamente cercado por alguns garotos da gangue. Chris é uma presença e tanto, com a cabeça raspada e os brincos, e sua chegada teve um impacto imediato no grupo. Timidamente, eles foram perdendo o interesse em me azucrinar, permitindo que eu me arrastasse mais para trás e tomasse distância deles. Chris se aproximou. Palavras foram trocadas. Não consegui ouvir o que ele disse em voz baixa. Até hoje não sei. Só sei que um minuto depois a gangue tinha desaparecido.

Quem sabe? Talvez eu tivesse atraído aquele tipo de violência mesmo que não fosse o idiota bruxo. Mas não há dúvida de que o cabelo descolorido e a proximidade com a fama me tornavam um alvo ainda maior. Se Chris não tivesse aparecido bem naquela hora, a história poderia ter tido um final bem diferente.

Depois daquele incidente e de outros, aprendi a tomar cuidado. Minha vida era boa, mas às vezes também podia ser assustadora. Quando eu tinha 15 anos, alguém roubou minha bicicleta – minha preciosa Kona Deluxe – do bicicletário da escola. Quem quer que tenha sido deixou um bilhete dizendo: "A gente sabe onde você mora, estamos de olho em você e vamos te matar". Não acho que quem escreveu realmente estivesse falando sério. É mais provável que tenha sido só uma tentativa inapropriada de se exibir. Mas foi uma mensagem bem assustadora, e por um tempo eu morria de medo de dar de cara com um maluco que fosse cumprir a ameaça.

Desenvolvi uma espécie de sentido aranha, um radar embutido que me avisava quando estava prestes a ser reconhecido e uma situação tinha o potencial de sair do controle. Lembro de estar na fila para entrar na matinê de uma balada em Guildford à qual meus amigos tinham me convencido a ir, de cabeça baixa, olhando para o chão, porque sabia que bastava uma pessoa dizer "Ei, você é o..." e as pecinhas de dominó começariam a cair e minha noite daria uma guinada para pior. Metade de mim achava que ficaria tudo bem – as pessoas que estavam naquela fila definitivamente não pareciam do tipo que curte Harry Potter, se é que você me entende. Mesmo assim, conforme a fila foi formando um ziguezague e as cotoveladas foram ficando mais frequentes, o sentido aranha apitou e eu soube que tinha que sair dali. Tinha aprendido com experiências anteriores que aquele não era um bom ambiente para mim. Decidi que podia abrir mão de uma noite na balada em nome de uma vida tranquila. Levantei a gola do casaco, mantive a cabeça baixa e, sem explicação, voltei para casa.

Como eu disse, *não* era legal ser o Draco.

Mas é o seguinte: olhando para trás, para minha vida trouxa, as boas experiências superaram as ruins. Fico feliz de ter passado ao menos uma parte do tempo naquela escola normal, com pessoas normais, vivendo – de modo geral – uma experiência normal. Fico feliz de ter tido aqueles professores sarcásticos e colegas de classe que não davam a mínima para minha outra vida. Parte de mim fica feliz até de ter levado aquelas queimaduras de cigarro na cara. Tudo isso era parte da luta diária comum de uma infância normal. No mínimo, não era parte da adolescência reclusa que eu poderia ter sido forçado a ter. Eu teria sido uma pessoa bem diferente se não fosse a oportunidade de experimentar a montanha-russa de uma vida normal paralelamente à loucura que era ser parte de Harry Potter. Desse jeito, tive o melhor dos dois mundos.

15.
Problemas com a transfiguração *ou* Maggie e a centopeia

Para gravar os filmes de Harry Potter, era preciso usar animais vivos. Corujas, ratos, cachorros, cobras, o que você imaginar. Havia uma área especial separada nos estúdios Leavesden onde os animais ficavam. Eu adoro cachorros, então lembro com carinho da meia dúzia deles que interpretava Canino, o animal de estimação de Hagrid. Eram enormes e pesados, tinham metade do tamanho de um cavalo, e não podíamos chegar perto demais: bastava balançarem uma vez aquelas bochechas gigantes para ficarmos cobertos por uma camada espessa de baba. De qualquer modo, não podíamos brincar com os animais, fazer carinho neles nem provocá-los. Na tela você pode até ver Harry calmamente segurando uma coruja, mas por trás das câmeras provavelmente há umas cem pessoas, luzes fortes e efeitos sonoros. Não é fácil conseguir que um animal faça o que você quer que ele faça com todo esse alvoroço ao redor.

Então havia um método. Os treinadores levavam os animais para o set horas antes de as crianças, o restante do elenco e mesmo a produção chegarem. Eles ensaiavam incansavelmente o que precisariam fazer: a coruja que deixa uma carta (ou um berrador) já teria praticado por horas antes que o set estivesse a todo vapor. Mas, não importa quão bem ensaiado seja um movimento, quando os animais chegam a um set ativo e há centenas de crianças falando, luzes piscando, máquinas de fumaça, efeitos pirotécnicos e todo tipo de distração, é bem possível que eles fiquem distraídos. Então nos ensinaram desde o começo que, quando há animais, nós *precisamos* ficar calmos perto deles.

Ao longo dos anos, os filmes foram ficando maiores, então a área de abrigo dos animais também cresceu. No final já havia centenas de animais fantásticos em Leavesden, e todo mundo adorava trabalhar com eles. Mas você sabe o que dizem sobre crianças e animais. Não duvido de que Dame Maggie Smith tenha refletido sobre essa velha máxima quando filmávamos *Harry Potter e a Câmara Secreta*.

Dame Maggie tem uma presença imponente. Tive a sorte de conhecê-la apenas como Maggie antes de entender realmente a lenda que ela é. Assim como a professora McGonagall em pessoa, Maggie exala uma autoridade calma e silenciosa, e está sempre escondendo um sorrisinho irônico. E, assim como Alan Rickman, ela tem a capacidade de ser bastante severa e ainda assim se manter incrivelmente paciente. É uma qualidade bastante útil quando você tem um set de filmagem cheio de crianças desobedientes que não têm ideia de quem você é, nenhum conceito da sua alta estima. E sinto dizer que naqueles primeiros anos eu testava a paciência dela um pouco mais do que deveria.

A cena era a aula de transfiguração da professora McGonagall. Os alunos estavam sentados em carteiras inclinadas à moda antiga, daquelas cujo tampo se abre, e por toda a sala havia gaiolas com animais. Cobras, macacos, tucanos e até um babuíno bem malcomportado. O babuíno em questão não tinha noção das – como posso dizer? – sutilezas das interações sociais e da etiqueta no set. Ele também não sabia, particularmente, qual comportamento é adequado na frente de um monte de crianças. O que é meu jeito de explicar que tínhamos de lidar com a distração de um primata se dando um pouco de prazer enquanto gravávamos. Muitas tomadas tiveram de ser descartadas por causa do macaco batendo uma no plano de fundo. Tiveram que mudar a pobre criatura de lugar várias vezes para impedir que seu passatempo vigoroso arruinasse a cena, e dá para imaginar o caos toda vez que uma das crianças via de canto de olho o que estava acontecendo e gritava: "Ai, meu Deus, olha o babuíno!".

Para aquela cena, cada criança recebeu um animal diferente. O meu era uma lagartixa em cima de um pequeno galho. O pessoal que cuidava dos animais tinha amarrado uma linha de pesca no corpo dela para impedir que escapasse, e me disseram claramente para não a segurar pela cauda. Aparentemente o superpoder delas é soltar a cauda e fazer crescer uma nova, então, se você a segurar por ela, há uma boa chance de que a cauda se solte na sua mão. Ela era uma camarada muito dócil. Ficava lá no galho, tranquila, e eu me controlando para não testar seu superpoder. Como a lagartixa, a maior parte dos animais distribuídos na aula estava bem tranquila (pelo menos mais tranquila que o babuíno). Tinha um musaranho calminho e alguns insetos relativamente grandes, mas bem-comportados.

E a centopeia de Josh Herdman.

A centopeia era facilmente tão grossa quanto meu dedão e do comprimento do meu antebraço. Tinha um bilhão de pernas e parecia incapaz de não se mover. Ela se contorcia e se remexia na carteira ao meu lado, o total oposto da minha lagartixa estática. Era fascinante observar e irresistível cutucar. Qualquer criança normal teria usado um lápis para fazer isso, mas nós tínhamos ferramentas melhores à disposição. Varinhas! No espírito da pesquisa científica, cutucamos (gentilmente) e provocamos a pobre centopeia e aprendemos algo impressionante. Se você a cutucar o suficiente, a centopeia se curva toda como se fosse um ouriço e fica parecendo uma linguiça enrolada. E, quando isso acontecia, ela escorregava

                lentamente

                        pela

                              carteira

                                    inclinada.

O tanto que achamos engraçada a centopeia deslizante era fora do normal. Com cada cutucão, transformação em salsicha e escorregão, tínhamos um ataque de riso.

Geralmente, quando alguém perdia o controle no set e não conseguia parar de rir, era engraçado. Chris Columbus tinha uma paciência quase infinita, e não dá para você fazer tudo que pode para criar uma atmosfera divertida no set e depois perder a paciência com as pessoas por causa de uma gargalhada. Mas também não dá para acontecer o tempo todo. Chega um momento em que você precisa gravar alguma coisa. Então Columbus criou um sistema para lidar com eventualidades como essa. Cada vez que um de nós atrapalhava uma tomada, recebia um cartão vermelho. Um cartão vermelho significava que você precisava colocar dez libras numa sacola, e, no final da gravação, todo o dinheiro ia para caridade. Era um bom plano para nos manter na linha, mas nem sempre funcionava. Rupert Grint era um dos piores. Acho que, sozinho, ele deve ter doado umas 2.500 libras só nos dois primeiros filmes, tamanha a inabilidade dele para se controlar quando o ataque de riso chegava. E certamente o método não funcionou no dia da centopeia. A cada vez que ouvíamos "Ação!", Josh ou eu cutucávamos o bichinho em uma tentativa de mantê-lo no lugar. E de novo ele escorregava

        lentamente

            pela

                carteira

                    inclinada.

E a gente se acabava de rir mais uma vez.

"Corta!"

Cartões vermelhos eram distribuídos. Pedíamos desculpas. Josh e eu jurávamos solenemente que íamos parar de fazer coisas erradas. Mas aí, assim que ouvíamos a palavra "Ação!", não conseguíamos evitar as gargalhadas de novo. Um de nós não conseguia suprimir uma risada e isso era um gatilho para o outro. Mesmo quando não nos ouvíamos ou nos olhávamos, a maldita centopeia escorregava pela carteira e perdíamos o controle de novo.

"*Corta!*"

Fomos conduzidos para um canto e levamos uma bronca. "Olhem, garotos, vocês estão *nos* fazendo perder tempo, estão perdendo o tempo *de vocês* e, mais que tudo, estão fazendo Dame Maggie Smith perder o tempo dela. Isso não é respeitoso e vamos tirar vocês do set se vocês acham que tudo isso é uma piada. É isso que precisamos fazer?"

Balançamos a cabeça. Sabíamos que essa era um jeito terrível de se destacar. Queríamos desesperadamente mostrar que éramos profissionais. Voltamos aos nossos lugares, disciplinados e determinados a manter nossos ataques de riso sob controle. Focamos em Dame Maggie, pacientemente austera na frente da sala. Josh e eu ficamos tão sérios quanto conseguíamos.

"Ação!"

Ataque de riso.

"*Corta!*"

Não deu certo. Não queríamos rir, mas não conseguíamos nos controlar. Sentíamos as risadinhas um do outro. Era como um ataque de cócegas brutal – doloroso, e mesmo assim não conseguíamos parar. Chris Columbus e o restante da equipe já estavam um pouco mais que frustrados a essa altura. Como é que eles conseguiriam gravar essa cena com dois sonserinos tontos estragando tudo o tempo todo por causa de uma centopeia escorregadia?

No fim das contas, levaram os animais embora. Cada cena é filmada de vários ângulos diferentes, e eles decidiram que, como precisavam principalmente das tomadas de Maggie, e o nosso papel era só contribuir para a performance dela, podíamos abrir mão da coleção de animais. Então foi o que aconteceu, tudo por causa da falta de controle que Josh e eu tivemos com a centopeia.

Morri de vergonha do meu comportamento, então, quando a cena acabou, fui até Maggie para me desculpar. "Sinto muito, Maggie, não sei o que deu em mim. Não vai acontecer de novo..." Ela gentilmente dispensou minhas desculpas. Acho que, depois de tantas décadas dominando aquela arte, ela dificilmente seria abalada por dois adolescentes perdendo tempo com varinhas e uma centopeia. Uma atriz com a experiência dela é praticamente à prova de balas em situações como essa. E acho que meu comportamento não afetou a nossa relação. No set, ela era rígida, mas gentil – como a própria McGonagall. Fora do set, nas noites de estreia e nos eventos, era sempre incrivelmente cordial e acolhedora. Lembro de os meus pais estarem desesperados para conhecê-la e de ela ser muito tranquila em relação a isso. De modo geral, um verdadeiro tesouro nacional. Alguém para admirar. E olha que é um sonserino falando.

Devo dizer que às vezes eu levava o troco. Em *Harry Potter e o Cálice de Fogo*, há uma cena em que Olho-Tonto Moody transforma Draco em uma doninha e então, depois de levar uma bronca de McGonagall, de volta em Draco. O roteiro deixava bem claro que, quando transformado de volta em humano, Draco deveria sair correndo nuzinho da silva, humilhado, pelo jardim lotado. Não refleti muito sobre aquilo, embora tenha feito a piada de que eles não teriam uma câmera grande o suficiente. Mas, quando chegou a hora de gravar a cena e eles me deram uma tanguinha transparente que me fez desejar fortemente usar de novo minha fantasia de Boneco de Neve 3, a ficha caiu. "A gente vai mesmo fazer isso?", perguntei, segurando a tanguinha, com uma centena de figurantes adolescentes observando.

"A gente vai."

"Agora?"

"Agora."

Olhei para a tanguinha minúscula. Olhei para a equipe de câmeras. Olhei para os figurantes e os assistentes de direção e os outros atores. E foi só quando alguns deles começaram a segurar o riso que percebi que os *desgraçados* estavam me provocando o tempo todo. Eu tinha sido o alvo da piada, tinham me feito até parecer meio cuzão, mas, felizmente, meu traseiro permaneceu coberto, e minha dignidade, preservada.

16.
Dramione *ou* a galinha e o pato

Vamos avançar alguns anos até Santa Monica, Los Angeles.

Harry Potter está no meu passado. Estou morando aqui em Venice Beach e de muitas maneiras é o pior lugar possível para uma pessoa com algum tipo de perfil público. Dezenas de milhares de turistas chegam ao local todos os dias, e os estadunidenses não são conhecidos pela timidez quando se trata de abordar pessoas que eles reconhecem. De algum modo, no entanto, consigo me safar. Talvez seja porque passo a maior parte do tempo com a mesma bermuda molhada que usei a semana inteira e um boné virado para trás, andando de skate ao lado do píer. Mesmo que alguém me reconheça, provavelmente vai sacudir a cabeça e pensar: *Aquele* não pode *ser o Draco. Ele se parece muito com um rato de praia.*

Mas há celebridades e há *celebridades*. Como sou lembrado quando Emma Watson vem me visitar.

Eu sugiro que passemos o dia fora. Parece uma coisa simples, certo? Só um dia curtindo a praia com uma velha amiga. Mas não é uma coisa simples para Emma. Não tenho certeza de que seja algo que Emma chegaria a fazer sem algum encorajamento. E você entende o motivo no momento que sai pela porta. Estou usando uma camiseta que diz "Women Do It Better"*, o que Emma aprova bastante. Ela usa calça esportiva e camiseta, um mundo de distância da Emma dos tapetes vermelhos que todos conhecem. Mesmo assim, a primeiríssima pessoa

---

* Em tradução livre, "Mulheres fazem melhor". [N.E.]

que vemos vira a cabeça em reconhecimento. Emma ainda tem quase a mesma aparência que tinha quando acabamos de gravar os filmes de Harry Potter. Ela certamente não parece uma rata de praia. Parece que as nossas chances de permanecer anônimos são zero.

Segurando um no outro, conduzimos meu *longboard* elétrico pelo calçadão. Uma ola de rostos se vira conforme nós passamos. Primeiro as pessoas ficam chocadas. Depois ficam animadas. Elas gritam o nome da Emma. Gritam o nome da Hermione. Enfim começam a nos seguir pelo calçadão. Vamos ao Big Dean para tomar um chope. Sou um cliente assíduo de lá. Basicamente todos os funcionários são meus amigos. Mas de repente é como se eles nunca tivessem me visto. Todos os olhos estão em Emma. Um dos funcionários até se aproxima dela com um CD autoral na esperança de que, como "pessoa famosa", ela possa entregá-lo a alguém influente.

Emma lida com tudo isso muito bem. Ela tem esse tipo de reação desde que era adolescente. Eu consegui ter algo próximo a uma vida normal paralelamente à minha carreira em Hogwarts, mas para Emma isso era quase impossível. Ela teve de aprender a lidar com a situação. Saímos do bar e voltamos pela praia, onde nos escondemos embaixo de um antigo posto de salva-vidas, dois inimigos nas telas agora mais próximos do que nunca, dando um tempo do olhar constante da atenção pública. Enquanto ficamos lá sentados, voltamos no tempo e lembramos de uma época em que a vida era diferente, em que Emma nem de longe ficava tão confortável em ser o centro das atenções e em que eu nem de longe era tão atencioso como amigo.

Meu relacionamento com Emma Watson não começou bem. Já de cara, houve a minha gélida réplica no primeiro teste de Potter, quando atingi em cheio uma garota de 9 anos de cabelo frisado com aquela atitude de cansaço do mundo que eu adotava nos sets. Ela seria perdoada por não querer ter muito a ver comigo.

Ficou pior.

Havia uma inegável divisão entre Grifinória e Sonserina no começo. Duas panelinhas que mantinham distância uma da outra, em grande parte porque não passávamos tanto tempo trabalhando juntos. Daniel, Emma e Rupert eram uma panelinha. Jamie, Josh e eu éramos a outra. Em hipótese nenhuma éramos antipáticos uns com os outros, éramos apenas diferentes de alguma maneira. Os três principais eram comportadíssimos. Nós, não. Os três principais vinham de ambientes mais bem-educados. Claro, eu não tive uma vida difícil, mas havia uma visível diferença em nossas criações. Acho que nos considerávamos um pouco mais legais. Passávamos nosso tempo livre juntos ouvindo rap – Wu-Tang, Biggie, 2Pac –, então, quando Josh e eu soubemos que a Emma de 9 anos tinha montado um pequeno show de dança no camarim dela para nos apresentar na hora do almoço, agimos previsivelmente com desdém. Ir a uma apresentação de dança em vez de discutir qual estilo de rap era melhor, o da Costa Leste ou o da Costa Oeste? Que chatice, irmão.

Fomos rindo até o show da Emma, e as risadas ficaram mais altas conforme ela dançava. Estávamos simplesmente sendo uns merdinhas, em grande parte por constrangimento e porque pensávamos que zoar era legal, mas Emma ficou visivelmente chateada com a nossa falta de consideração. Eu me senti um pouco babaca, e com razão. No final, contudo, coube a uma das responsáveis pelo cabelo e pela maquiagem me jogar a real. "Ela está muito chateada", a moça disse. "Você não devia ter rido dela. Precisa pedir desculpas."

Eu *pedi* desculpas e Emma as aceitou. Todo mundo seguiu em frente. Foi apenas um ato adolescente e estúpido de falta de consideração, o tipo de coisa que acontece todo dia. Então por que aquele momento ficou na minha memória? Por que é tão doloroso lembrar dele?

A resposta, acho, é que com o passar dos anos eu fui entendendo que, de todos nós, Emma teve a maior quantidade de coisas com que lidar, a situação mais difícil para equilibrar, e tudo desde muito nova. Ela se tornaria uma das mulheres mais famosas do mundo – e na minha opinião uma das mais impressionantes –, mas é fácil para alguém de fora ver apenas a celebridade e não parar um momento para considerar os desafios que acompanham esse status. No início, Emma não tinha 13 anos como eu, ou 11 como Daniel. Emma tinha 9 anos. Há uma grande diferença. Ela nunca tinha estado em um set de filmagem e, entre os personagens principais infantis, era a única garota. Estava cercada pelo "humor de menino" – pegadinhas bobas e infantilidade pré-adolescente – e, embora tenha conseguido segurar bem a barra e pudesse ser até mais atrevida que todos nós juntos, com certeza não foi fácil. E as pressões que ela sofria iam além de simplesmente ter de lidar com garotos idiotas. Emma nunca pôde ter uma infância normal. Ela foi de muitas maneiras tratada como adulta a partir do dia em que foi escalada. É um fenômeno que pode, eu acho, ser mais difícil para meninas do que para meninos. Elas são injustamente sexualizadas na mídia e além. São julgadas por sua aparência, e qualquer traço de assertividade é respondido com uma reprovação que um homem não receberia. Imagino o que teria acontecido se alguém tivesse a habilidade de ver o futuro e dissesse à Emma de 9 anos o que ele reservava. Que essa situação na qual havia se enfiado a acompanharia pelo resto da vida. Que nunca conseguiria se livrar dela. Que seria perseguida pelo resto da vida. Ela ainda teria participado? Talvez. Mas talvez não.

Então, a última coisa de que Emma precisava, em um ambiente que deveria ser – e normalmente era – seguro, amigável e familiar, era de Josh e eu rindo da dança dela. É por isso que sinto vergonha de lembrar do nosso comportamento. E é por isso que fico contente que nossa amizade não tenha naufragado nas pedras da minha insensibilidade, mas se tornado algo mais profundo. Algo essencial na vida de nós dois.

Eu sempre tive um amor secreto por Emma, embora talvez não do jeito que as pessoas gostariam de ouvir. Isso não quer dizer que nunca houve uma faísca entre nós. Definitivamente houve, mas em momentos diferentes. Uma moça chamada Lisa Tomblin era responsável pelo cabelo nos últimos filmes de Harry Potter. Eu a conhecia desde os 7 anos, quando trabalhamos juntos em *Anna e o Rei*, e foi ela a primeira a me dizer que Emma tinha uma queda por mim. Ela estava com 12 anos, e eu, com 15. Eu tinha uma namorada e, de qualquer modo, havia sido programado para ignorar qualquer conversa sobre esse tipo de coisa. Então simplesmente dei risada. Na verdade, acho que não acreditei mesmo nela.

Mas o tempo passou e as coisas mudaram. Nós nos aproximamos e, quanto mais eu via e entendia como era a vida dela, mais empatia sentia por Emma. Eu me tornei muito protetor em relação a ela sempre que precisava ser defendida. Comecei a vê-la não como uma garotinha, nem como uma celebridade de propriedade pública, mas como uma jovem que estava fazendo seu melhor para equilibrar uma vida em que situações e interações sociais normais eram praticamente impossíveis. Jovem como era, acredito que tenha sido muito difícil para ela. Sempre penso que deve ter sido incrivelmente difícil para ela. Ocasionalmente, imagino quão estressante foi. Algumas pessoas simplesmente não entenderam isso. Não conseguiram entender a pressão de estar no centro das atenções desde tão jovem.

Na maior parte daqueles primeiros dias, porém, se Emma parecia calada, não era por causa de um dia ruim, mas por razões mais complexas. Quando estávamos filmando *Harry Potter e o Prisioneiro de Azkaban*, nos vimos no meio de uma floresta em Virginia Water para filmar a cena em que Bicuço, o hipogrifo, ataca Draco. Havia talvez cinquenta membros do elenco e da equipe, incluindo Daniel, Emma e Rupert, bem como Robbie Coltrane e, é claro, o próprio Bicuço. Não é fácil passar despercebido quando se está filmando com esse número de pessoas. E, como aquele era um espaço público, logo atraímos a atenção de alguns fãs. A reação instintiva de Emma foi desviar os olhos, para evitar contato visual e se manter distante enquanto estranhos gritavam o nome dela. Sem dúvida pareceu arrogância, como se para ela fosse um grande incômodo dar um autógrafo ou interagir com os espectadores. A verdade é que ela era uma garota de 12 anos apavorada. Não acho que entendesse completamente por que todo mundo estava tão interessado nela. Isso não é muito surpreendente, uma vez que o estúdio nos ofereceu pouca preparação para lidar com tais situações.

Mas eu era um pouco mais velho e bem menos preocupado quanto à interação com o público. Chamei Emma de canto e tentei ajudá-la a ver que não havia razão para se sentir ameaçada, que era perfeitamente aceitável ser simpática e que cabia a nós criar um momento memorável para os fãs que queriam conversar conosco. Fomos até lá juntos e conversamos com eles, e pude ver um peso sendo tirado dos ombros dela. Talvez tenha ajudado a compensar pela minha falta de consideração ao rir da sua coreografia. David Heyman com certeza depois me disse que aquele foi um dos momentos que o fez ver que eu estava amadurecendo, passando de um moleque arrogante para um jovem adulto mais atencioso. E acredito que tenha ajudado Emma a aceitar um pouco melhor a estranheza da vida na qual se encontrava. De certo modo, ambos nos ajudamos a crescer um pouco naquele dia.

Começaram a aumentar os rumores de que o nosso relacionamento era mais do que deixávamos transparecer. Eu neguei gostar dela daquele jeito, mas a verdade era diferente. Minha namorada na época soube de cara que havia algo não dito entre nós. Lembro de ter usado o chavão "Eu a amo como uma irmã". Só que era mais que isso. Não acho que já tenha estado *apaixonado* por Emma, porém a amava e admirava como pessoa de um jeito que nunca consegui explicar para ninguém.

Uma vez nos encontramos fora de Hogwarts – algo que raramente fiz com outros membros do elenco ou da equipe, porque preferia voltar para a normalidade da minha vida cotidiana. Eu a busquei e nós demos uma longa caminhada ao redor de um lago próximo de casa. Emma passou boa parte do tempo me repreendendo por fumar, então de repente me disse algo que vou levar sempre comigo. "Eu sempre soube que era um pato", ela disse, "mas me disseram a vida inteira que eu era uma galinha. Toda vez que tento falar 'quá', o mundo me diz que eu tenho que falar 'có'. Eu até comecei a acreditar que fosse *mesmo* uma galinha e não um pato. Então nós começamos a passar tempo juntos e eu encontrei mais alguém que fala 'quá'. E foi aí que eu pensei: *Que se danem eles, eu sou mesmo um pato!*".

Já mencionei que Emma Watson é boa com as palavras?

Para qualquer outra pessoa, a história de Emma sobre a galinha e o pato poderia soar sem sentido. Não para mim. Entendo exatamente o que ela quis dizer. Que tínhamos uma afinidade de almas, que entendíamos um ao outro e ajudávamos um ao outro a compreender nós mesmos e nossas vidas. Temos falado "quá" juntos desde então. Tenho certeza absoluta de que sempre vou estar ao lado de Emma, e ela vai estar ao meu lado também.

E, acredite em mim, Emma é uma boa pessoa para se ter cuidando de você. Não em pequena medida, porque ela tem um ótimo gancho de direita, como descobri pessoalmente um dia.

Estávamos filmando *Harry Potter e a Câmara Secreta* quando o livro *Harry Potter e o Prisioneiro de Azkaban* foi lançado. Verdade seja dita, fui um dos últimos membros do elenco a ler, mas fiquei sabendo que incluía uma cena em que Hermione dá um tapa muito merecido na cara do Draco. Legal, ia ser divertido! Eu estava viciado nos filmes de Jackie Chan na época, e fiquei empolgado ao saber que Emma e eu poderíamos ter de nos envolver em certa violência cenográfica quando gravássemos o próximo filme no ano seguinte. Então, assim que ouvi isso, Josh e eu fomos encontrá-la para praticar nossa briga encenada. Havia uma tenda montada do lado de fora do set – como as que às vezes vemos em casamentos ao ar livre. Era ali que as crianças podiam passar o tempo quando não estavam gravando ou em aula. Para começar, tinha um vasto estoque de chocolate, salgadinho, Coca-Cola e – acredite se quiser – Red Bull, que eu maldosamente encorajava as crianças mais novas a experimentar. Era de graça, afinal. Isso logo mudou, quando a mãe de Matthew Lewis, que interpretava Neville Longbottom, fez a observação nada irracional de que fornecer uma quantidade ilimitada de chocolate e energético a crianças de 9 anos não era a melhor ideia da história das ideias. Mais uma vez, minha reputação junto aos acompanhantes estava consolidada. Os lanches, para nosso desgosto, se transformaram em frutas frescas e água, e a tenda se tornou um pouco menos convidativa. Mas lá havia uma mesa de pingue-pongue, e Emma, uma ótima jogadora, frequentemente podia ser encontrada ali.

Josh e eu entramos correndo na tenda. De fato, Emma estava jogando pingue-pongue com outra menina. Minha imaginação estava inquieta com o pensamento de encenar o perfeito tapa cenográfico à la Jackie Chan, em que as câmeras estão perfeitamente alinhadas atrás de mim para fazer parecer que a mão dela acertou a minha cara em cheio, e eu me mostro muito convincente na tela, apesar de Emma nem ter tocado em mim. Ela não chega nem perto. Então me aproximei com um entusiasmo abundante.

INT. A TENDA. DIA.

Tom e Josh *ficam rodeando a mesa de pingue-pongue enquanto esperam* Emma *destruir sua oponente. Ela parece um pouco perplexa com o brilho maníaco nos olhos deles.*

    TOM
    Quer praticar me dar um tapa?

    EMMA
    (testa franzida)
    Desculpa, o quê?

    TOM
    Porque é isso que você faz no próximo filme.
    Você me dá um tapa.
    (mentindo descaradamente)
    Eu acabei de ler!

EMMA
Ok, legal.

TOM
(mansplaining)
Certo. Então. Olha o que você tem que fazer. Você precisa ficar aí, precisa usar o corpo, precisa fazer de tudo para ser convincente, precisa…

Enquanto Tom está falando, Emma o observa calmamente, levanta uma mão e - sem perceber que ele estava falando de um tapa cenográfico - o estapeia com toda a força bem na cara.

Pausa.

EMMA
Assim?

Tom pisca. Intensamente. Está segurando as lágrimas.

TOM
(em uma voz entrecortada)
Ótimo. Isso. Foi bom. Foi… ótimo. Muito bem. Boa. A gente se vê depois, tá?

Ele dá as costas para Emma e sai da tenda timidamente, o rabo firme entre as pernas.

Não tive colhões para dizer a Emma que não era minha intenção que ela me desse uma bordoada na cara, nem para contar que ela quase me levara às lágrimas. Ela não descobriu isso até muito tempo depois.

E quando, no ano seguinte, chegamos à filmagem dessa cena, você pode imaginar minha hesitação quando me disseram que o tapa havia sido reescrito para um soco. Negociei com Emma para me certificar de que ela manteria distância durante o soco cenográfico. Não ligo de admitir que minha bochecha ardeu com a lembrança do gancho de direita prévio de Emma Watson.

Emma me ensinou muitas lições valiosas ao longo dos anos, sendo as mais importantes: não siga sempre o rebanho, nunca subestime a força de uma mulher e, independentemente do que faça, continue falando "quá".

17.
Os Weasley em ação *ou* jogando golfe com os grifinerds

Houve momentos em que nós, crianças, éramos pastoreados para dentro e para fora do set em um ônibus grande. Imagine uma excursão escolar normal, barulhenta, com a exceção de que os passageiros, em vez de vestirem o uniforme escolar, estão usando vestes de bruxo e carregando varinhas. Estou com 13 anos e alguns dos meus salários de Harry Potter pagaram por um *discman* e um CD do Limp Bizkit. Estou sentado no ônibus próximo de Rupert Grint, a faixa "Break Stuff" tocando alto no meu fone de ouvido.

Talvez você conheça o Limp Bizkit. Se conhecer, poderia ter a racional opinião de que não é completamente apropriado para jovens de 13 anos. Os temas são adultos, a linguagem é explícita. Era a minha cara. Olhei para a direita, onde Rupert estava silenciosamente cuidando da própria vida. Me ocorreu que talvez eu conseguisse fazê-lo assumir naturalmente a expressão de perplexidade atônita de Rony Weasley. Então tirei meu fone de ouvido e o coloquei nele. A testa dele franziu. Os olhos se arregalaram. E, enquanto recebia a pancada das letras do Limp Bizkit, a clássica expressão do Rony se espalhou pelo rosto dele. Você sabe qual é. Eu poderia muito bem ter derrubado uma aranha no colo dele.

Quando me recordo desse incidente, sou lembrado de duas verdades. Uma é que havia uma razão para que eu não fosse a pessoa favorita da maioria das mães acompanhantes em um ou outro momento. Lembra do skate? Do Red Bull? Eu era, acho, uma influência ocasionalmente disruptiva para algumas das crianças mais novas, fosse por distribuir doces, fosse por expor seus filhos e filhas ao lado mais explícito do rap estadunidense. A outra verdade é que os atores que interpretaram os Weasley eram tudo que você queria que fossem na vida real: engraçados, bondosos e descontraídos. E nenhum deles mais que Rupert.

Eu tinha, é claro, conhecido Mark Williams, que interpretou o sr. Weasley, quando estava filmando *Os Pequeninos*. Em Potter, raramente nos víamos. Nossas cenas tendiam a não coincidir, então meu contato com ele se limitava a estreias e eventos para a imprensa. Mas, naquelas primeiras lembranças que tenho dele, pré-Potter, há um ator que estava sempre brincando por aí. Ele ficava descontraído no set e tentava fazer todo mundo ao seu redor ficar igualmente descontraído. Parecia ser sempre o primeiro a reconhecer que não estávamos fazendo nada particularmente importante – só estávamos fazendo filmes –, então estava tudo bem se divertir no processo.

Mark era a contraparte perfeita para Julie Walters, que interpretava a sra. Weasley (para grande empolgação da minha mãe). Ao mesmo tempo que era a rainha da bondade no set, Julie tinha um senso de humor malicioso, e ela e Mark estavam sempre bagunçando. Ambos eram afetuosos e incrivelmente humildes. Eram, em resumo, os Weasley perfeitos. Tenho certeza de que foram boa parte do motivo pelo qual Rupert, junto com James e Ollie Phelps, que interpretavam Fred e George, se divertiram tanto no set. Quando os Weasley ficavam juntos, estavam sempre descontraídos e rindo.

Na tela, Rupert e eu éramos inimigos ferrenhos. Longe das câmeras eu sentia, e ainda sinto, nada além de amor pelo Ninja Ruivo. Era quase impossível não se sentir assim. Desde o comecinho ele sempre foi extremamente hilário. Esse é o cara que ganhou o papel depois de mandar um vídeo dele mesmo cantando um rap com uma letra imortal: "Olá, meu nome é Rupert Grint, espero que goste disso e não me ache péssimo". Ele era, sem nenhuma surpresa, extremamente ronesco. Incrivelmente atrevido, com o hábito de deixar escapar comentários vagamente inapropriados que a maioria das pessoas teria reprimido. Tinha um enorme – e bem caro – problema com risadas no set, que graças ao sistema de cartões vermelhos de Chris Columbus lhe custou alguns milhares de libras. Ataques de riso no set são um risco ocupacional para atores, especialmente os mais jovens. Basta que alguém diga a coisa a errada ou capture sua atenção de determinado jeito, e não importa quantas palavras severas você ouça, ou com quantos atores lendários você esteja contracenando, é quase impossível não se dissolver em gargalhadas quando as câmeras começam a gravar. De todos nós, Rupert era de longe o mais suscetível a isso.

Rupert sempre parecia completamente indiferente a tudo. Apesar de toda a pressão sobre ele desde o primeiro dia de Harry Potter, nunca o ouvi reclamar ou sequer parecer minimamente irritado com as ocasionais desvantagens de estar sob o julgamento do público. Ele é simplesmente uma pessoa boa, de natureza doce, aparentemente capaz de lidar com toda e qualquer coisa. E muito menos "estrela" do que você poderia imaginar que um ator do calibre dele seria. E embora os personagens que interpretávamos desprezassem um ao outro, fora do set eu sempre senti que tínhamos muito em comum. Ambos fazíamos a mesma coisa com nossos salários: nós os aproveitávamos completamente. Visite a casa de um de nós e vai encontrar um monte de bugigangas malucas. Eu comprei um cachorro, ele comprou uma lhama. Duas, na verdade, que em poucos anos se tornaram dezesseis (as lhamas cruzam euforicamente, pelo jeito). Ele comprou um possante bacana, assim como eu. Mas, enquanto eu descolei um BMW conversível (que fica com a capota abaixada mesmo em condições semicongelantes), ele realizou a ambição de infância de ser um sorveteiro gastando discretamente seu suado dinheiro em uma van totalmente equipada como sorveteria, na qual foi trabalhar espontaneamente e começou a distribuir sorvetes grátis. Ele costumava até dirigir por vilarejos tranquilos distribuindo sorvetes para crianças chocadas por receber uma casquinha do Rony Weasley em pessoa. Era loucura, mas de algum modo totalmente característico de Rupert. Apesar de tudo, ele não sabia ser nada além dele mesmo.

Todo mundo muda um pouco à medida que cresce. Quando estávamos gravando os últimos filmes, Rupert se tornou um pouco mais quieto, e seu jeito brincalhão passou a ser mais reservado. Mas ele nunca perdeu a autenticidade nem a natureza gentil e genuína. E, mais recentemente, de todos os amigos que fiz no set de Harry Potter, é ele quem compartilha da minha paixão por certos projetos. Há um bom número de Natais, sempre vou ao hospital infantil Great Ormond Street, em Londres, entregar presentes às crianças que estão internadas no período das festas. Começo o dia indo à loja de brinquedos Hamleys (sim, aquela a que eu costumava ir depois dos testes com minha mãe) e faço meu melhor para faturar o máximo possível de itens de Harry Potter. Então parto para o hospital com um saco de Papai Noel cheio de presentes. Uma vez, mandei uma mensagem para Rupert na noite anterior perguntando se ele iria comigo. Parece uma coisa pequena – é uma coisa pequena comparada com o que algumas das crianças no hospital precisam enfrentar –, mas eu estava muito ciente de que para Daniel, Emma e Rupert, ainda mais que para o restante de nós, a questão de fazer caridade é difícil. Nós temos a habilidade de ajudar as pessoas simplesmente por estar lá. Às vezes, nem precisamos estar lá de fato. Daniel, por exemplo, pode autografar dez fotos e fazer milhares de libras para uma instituição da noite para o dia. Então, enquanto a maioria das pessoas tem uma razão muito boa para talvez não querer dedicar grandes cotas do seu precioso tempo livre para fazer caridade, nossas razões são menos convincentes. É, claro, um privilégio silencioso fazer o que pudermos por aqueles que são menos afortunados que nós, mas esse privilégio vem com uma pergunta desconfortável. Onde colocar um ponto-final? Onde parar? As pessoas que necessitam de ajuda não acabam, e seria fácil se culpar por não fazer mais. Como todos nós, Rupert faz o que pode para usar sua fama para boas causas, mas teria sido muito compreensível se meu convite de última hora para o Ormond Street estivesse além da conta (não era pouca coisa, porque eu sei que ver crianças que não estão bem acaba com ele). No entanto, sempre entusiasmado, ele apareceu no dia seguinte com sua companheira. Sem assessores, sem motorista, sem alarde: apenas o modesto e despreocupado Rupert, feliz em doar seu tempo para alegrar o dia de algumas crianças cujos dias lamentavelmente precisavam ser alegrados.

Este é Rupert: excêntrico, atrevido, atencioso, confiável, bondoso – e uma boa pessoa para conhecer se você gosta de sorvete.

Fred e George Weasley eram interpretados pelos gêmeos Phelps, James e Ollie. Eles são dois anos mais velhos que eu, então era impossível chocá-los com uma explosão de rap gângster. Levei quase uma década para conseguir diferenciá-los e certamente nunca arrisquei chamá-los pelo nome, para o caso de eu estar errado. Mas, embora não tivéssemos muitas cenas juntos, desenvolvemos uma amizade que dura até hoje. Ambos são tão calorosos e engraçados quanto os personagens.

Dê a Fred e George um segundo de diversão e eles a farão durar horas. James e Ollie compartilhavam esse traço com os gêmeos ficcionais. Sempre foram ótimos em fazer o melhor a partir de qualquer situação. Se houver uma piada a ser feita, eles a farão. Se houver algo a ser obtido por manipulação, eles o obterão. Quando estávamos gravando os últimos filmes, os produtores queriam filmar numerosas cenas "por trás das câmeras" como material extra. Eles sugeriram ir à casa de todo mundo e nos filmar fazendo nossas atividades trouxas do dia a dia – passear com o cachorro, lavar o carro, cortar a grama e assim por diante. A maioria de nós não ficou entusiasmada com essas sugestões. Os garotos Phelps tinham outras ideias e um jeito muito Fred e George de "sugeri-las". Eles jogavam golfe, Rupert também, e eu tinha acabado de começar a pegar gosto por brincar com a bolinha branca. "Por que não vamos todos jogar golfe em algum lugar icônico", eles sugeriram casualmente, "e vocês nos filmam fazendo isso?" Que tal, digamos, o Celtic Manor em Wales, um destino de golfe muito popular que estava para sediar a Ryder Cup no seu campo novíssimo e exclusivíssimo?

Para nosso deleite, eles caíram nessa, então James, Ollie, Rupert e eu nos preparamos para nossa *road trip* até o Celtic Manor. Mas espere aí! Certamente não funcionaria se houvesse outros jogadores à nossa frente ou atras de nós, os gêmeos observaram prestativamente. Nós teríamos uma equipe de câmeras conosco, que só serviria para atrapalhar os outros jogadores. Uma ideia brilhante pareceu nascer espontaneamente. "Não seria muito mais sensato se nós tivéssemos o campo inteiro para nós?", eles disseram quase em uníssono. A ardilosa sugestão deles foi aceita, e o resultado foi que um dos campos de golfe mais desejados do mundo foi reservado por um dia inteiro, simplesmente para nós quatro praticarmos nele. Como em todos os torneios de golfe que já tivemos, os Weasley ganharam. Malditos grifinerds.

18.
Draco e Harry *ou* dois lados da mesma moeda

Ninguém sabe – ninguém jamais poderá saber – o que é ser Daniel Radcliffe. Não havia ninguém em todo o projeto de Harry Potter que tivesse mais pressão sobre si que Daniel. A partir do momento em que foi escalado, ele nunca teve permissão total para ser uma criança trouxa. Não de verdade. E, embora o mesmo seja verdade para Emma e Rupert, o holofote sobre Daniel era só um pouquinho mais intenso. Ele era o menino que tinha sobrevivido, afinal, mas também era o menino que nunca teria uma vida normal. Eu tive o privilégio, como a maioria dos adolescentes comuns, de poder tomar algumas decisões ruins na minha juventude. A pior repercussão foi ter a minha foto Polaroid pendurada em uma parede do escritório da HMV de Guildford. Para Daniel, as consequências de ser um adolescente arruaceiro teriam sido muito mais pesadas. Praticamente desde o dia um, as pessoas tiravam fotos dele escondido, tentavam filmá-lo secretamente, tentavam flagrá-lo em uma posição comprometedora ou vulnerável. Em nenhum momento ele lhes deu – nem poderia ter dado – a oportunidade de fazer isso. O peso dos filmes repousava quase inteiramente nos seus ombros.

Tenho muito respeito pela maneira como ele aprendeu a lidar com essa pressão, e muito amor por ele como pessoa. De todos os grandes nomes pelos quais me vi cercado durante meu tempo nos filmes de Harry Potter, talvez Daniel seja aquele com quem mais aprendi e em quem mais me vejo.

Talvez isso pareça estranho, uma vez que fomos escalados em parte pelas nossas similaridades com os papéis que interpretamos. Harry e Draco se tornam inimigos logo de cara, afinal. Mas não vejo dessa maneira. Eu diria que Harry e Draco são dois lados da mesma moeda, e vejo Daniel e eu de modo parecido.

A princípio nós mantivemos distância. Sempre que nos víamos pelo set, nos limitávamos ao aceno de cabeça caracteristicamente britânico e a um "Dia, tudo bem? Ótimo". Enquanto eu estava ocupado me divertindo com os garotos da Sonserina, Daniel estava ocupado sendo ocupado. Nossos caminhos não se cruzavam tanto quanto você possa imaginar. Quando nossos caminhos *de fato* se cruzavam, o que me chamava a atenção nele eram a grande inteligência e a memória quase erudita para estatísticas obscuras de críquete e curiosidades sobre *Os Simpsons*. Nós ficávamos sentados em nossas vassouras entre as tomadas, enquanto a equipe arrumava o cenário, fazendo *quizzes* sobre *Os Simpsons*, e ninguém tinha um conhecimento mais profundo dos detalhes quanto Daniel.

Conforme os filmes progrediram, nos aproximamos e começamos a nos ver muito mais. Eu ia à casa dele de vez em quando assistir a uma partida de críquete, comer pizza e provavelmente fumar cigarros demais. (Nós definitivamente éramos dois jovens que começaram a fumar muito cedo! Alguém que visitasse o Leavesden teria uma boa chance, se desse uma volta atrás de algum dos galpões velhos e acabados e olhasse embaixo de algum andaime, de ver Harry, Draco e Dumbledore amontoados para se proteger do frio, tomando chá e curtindo o que chamávamos eufemisticamente de "um pouco de ar fresco".) Quanto mais eu conhecia Daniel, mais via que éramos parecidos de muitas maneiras. Ambos somos hiperatentos ao ambiente e às emoções dos outros. Ambos somos muito sensíveis emocionalmente, e facilmente afetados pela energia ao nosso redor. Sempre me pareceu, e ainda parece, que, se eu tivesse sido filho único, como Daniel, livre da influência de três irmãos mais velhos, teria me tornado muito mais parecido com ele. E, se Daniel tivesse desfrutado da má influência de Jink, Chris e Ash, não me surpreenderia que ele se tornasse muito mais parecido comigo. E há uma simetria aí, porque acho que o mesmo talvez seja verdade para Harry e Draco. Eu nunca teria entendido isso nos primeiros anos de Harry Potter, mas, à medida que os filmes avançaram, se tornou mais e mais aparente para mim. E um dos motivos para isso, agora eu vejo, foi o desenvolvimento das habilidades de atuação de Daniel.

Daniel seria o primeiro a admitir que, quando começamos, nenhum de nós sabia realmente o que estava fazendo. Claro, ele e eu havíamos estado em sets de filmagem antes, mas quão bom alguém tão novo pode ser de verdade? Daniel, contudo, sempre quis ser melhor. Sempre olhou para seus trabalhos prévios com certa severidade, e tinha a qualidade admirável de saber que poderia fazer o papel no piloto automático, mas não querer isso. Ele se importava profundamente, e decidiu logo no primeiro dia se tornar o melhor ator que pudesse ser. O que é uma bela tarefa quando te deram o papel de Harry Potter. Na minha opinião, era o papel mais difícil de todos. Harry é e sempre foi a peça central, a fundação, o personagem confiável. Ele tem de ser assim para que o restante de nós possa dançar em volta dele. A indiferença de Draco, as piadas de Rony, a inteligência afiada de Hermione, a bondade atrapalhada de Hagrid, a maldade de Voldemort, a sabedoria de Dumbledore: tudo isso se destaca pela solidez constante e inabalável de Harry. Exige um certo tipo de habilidade especial atingir essa solidez e ainda chamar a atenção e comover a plateia.

Daniel aprendia rápido e aprendia bem. Logo se tornou um ator especial. Talvez seja porque ele, mais que qualquer um de nós, estivesse rodeado pelo brilhantismo, e isso inevitavelmente acabava sendo transferido para ele. Talvez já tivesse a semente do brilhantismo dentro de si. Qualquer que seja o caso, em pouco tempo ele começou a capturar a atenção de todos à sua volta quando estava no set. Era inspirador para o restante de nós. Seguíamos a liderança dele, e, se um dia houve alguém que você ia querer seguir numa batalha, esse alguém, como Harry, era Daniel. Ele era ótimo em nos lembrar, apenas pela maneira como se portava, de levar a sério aquela oportunidade e ao mesmo tempo se divertir muito no processo.

Mesmo que eu nem sempre tenha seguido o exemplo de Daniel a esse respeito, a atitude consciente dele finalmente passou para mim. Aprendi mais assistindo às cenas dele e atuando ao seu lado do que com qualquer um dos adultos. Quando chegou a hora de Draco se desenvolver como personagem, se tive algum tipo de sucesso em retratar esse desenvolvimento, isso se deveu em parte a ter visto Daniel atuar.

O desenvolvimento de Draco não foi algo sobre o que pensei muito durante os primeiros filmes. Estabelecemos em *Harry Potter e a Pedra Filosofal* que ele é o idiota nojento. Em *Harry Potter e a Câmara Secreta*, vemos um pouco dos privilégios dele: consegue a melhor vassoura e efetivamente compra sua vaga no time de quadribol. É aquela criança na escola que ganha uma Ferrari do pai como primeiro carro. Não parece ter um pingo de humanidade, e, embora todo o mundo trouxa aprenda a detestá-lo, não há nenhum indício de que seu jeito esnobe vá se tornar algo pior. Como resultado, passei a maior parte dos cinco primeiros filmes parado no canto com meu sorrisinho. Não precisei pensar muito sobre o desenvolvimento de Draco, porque não havia nenhum. Ele era sempre o mesmo.

Então, em *Harry Potter e o Enigma do Príncipe*, tudo mudou. Com Draco, vemos que os valentões com frequência também sofrem bullying. No comecinho das filmagens, o diretor, David Yates, me chamou de canto. "Se nós formos capazes de conseguir um por cento de empatia em relação ao Draco", ele disse, "vamos ter sido bem-sucedidos. Lembre-se de que o que você está tentando fazer é a pior coisa que já aconteceu no mundo mágico: matar Dumbledore. Quando você segurar aquela varinha, será o poder de segurar um exército na sua mão. Precisamos lamentar por você. Precisamos pensar: ele não teve escolha."

Draco Malfoy era o menino que não tinha escolha. Dominado pelo pai autoritário, coagido pelos Comensais da Morte, intimidado por Voldemort a ponto de temer pela própria vida, as ações de Draco não eram dele. Eram as ações de um menino cujo controle havia sido arrancado dele. Não podia tomar as próprias decisões, e a guinada que a vida dele tinha dado o aterrorizava. A cena em que isso fica mais aparente é quando Harry o encontra chorando na pia, antes de eles duelarem, e Harry usa o feitiço *Sectumsempra*. Foi uma das poucas cenas que Daniel e eu fizemos só os dois, e me senti injustamente elogiado por ela. Para mim, a genialidade estava na escrita. Mas, se eu consegui elevar minha performance para acompanhar o desenvolvimento de Draco, isso se deveu em grande parte ao que aprendi com Daniel. Eu não podia mais me safar sendo o menino dando risadinhas no canto; precisava encontrar uma maneira de dar corpo ao personagem.

Para mim, o arco de Draco nos últimos filmes atinge o núcleo de um dos temas principais das histórias de Harry Potter: a escolha. É um arco que chega ao clímax durante a cena na Mansão Malfoy. Harry está desfigurado. Draco é chamado para identificá-lo. Este é ou não Harry Potter? Não houve discussão no set a respeito de Draco ter ou não certeza de que fosse Harry. Minha opinião é que ele sabe *exatamente* quem é. Então por que ele não fala nada? A razão, me parece, é que o menino que não tinha escolha finalmente consegue uma. Ele pode escolher identificar Harry, ou pode escolher fazer a coisa certa. Em qualquer outro momento antes daquele, Draco teria entregado Harry. Finalmente, porém, ele entende o que Dumbledore disse a Harry um pouco antes: são as nossas escolhas, não as nossas habilidades, que mostram quem somos de verdade.

É por isso que enxergo Harry e Draco como dois lados da mesma moeda. Harry é o produto de uma família que o ama tanto que está disposta a morrer por ele. Draco é o produto de uma família que inflige a ele maus-tratos e abuso. Mas, quando têm a liberdade de fazer suas próprias escolhas, eles chegam a um destino parecido.

19.
Um peteleco no nariz *ou*
Crabbe, Hagrid e o assustador Tom de borracha

Havia centenas de atores no set de Harry Potter. Alguns eu mal – ou nunca – via. Outros eu tive a chance de conhecer bem. Então, deixe-me levar você em um pequeno tour por Hogwarts e apresentar algumas das figuras.

Eu já contei sobre o gancho de direita de Emma Watson. Resumindo: fique longe dele. Mas ela não foi a única a meter a mão na minha cara. E, de vez em quando, eu devolvia na mesma moeda.

Devon Murray interpretava Simas Finnigan. Ele era sempre ótimo no set e apropriado para o papel de Simas. Era muito tagarela e malicioso, mas bondoso. Ele me acertou na cara uma vez, em uma loja de departamentos, quando filmávamos fora do estúdio. Não lembro por quê. Talvez eu tenha feito algum comentário sarcástico. Talvez eu fosse completamente inocente e tudo não passasse de um desafio. Nós fazíamos todo tipo de desafio maluco e sem sentido. Lembro que alguém fez uma poção rançosa de Coca-Cola, leite e grãos de café e ofereceu uma libra para quem tomasse. Então talvez, numa toada parecida, alguém tenha oferecido cinquenta *pence* para ele me bater. Não era pessoal. Pelo menos, era tão impessoal quanto um soco na cara pode ser.

Jamie Waylett, que interpretava Crabbe, uma vez recebeu um inocente peteleco no nariz no Salão Principal. Aquilo também não foi pessoal. Era só o comportamento-padrão dos três sonserinos, que eram muito grudados. Josh "Goyle" Herdman tinha mais ou menos a minha idade, mas Jamie era alguns anos mais novo. Isso não impedia de sermos próximos, porque Jamie parecia mais velho do que era. Como Josh e eu, ele gostava muito de hip hop e era um rapper extremamente talentoso. Só que às vezes parecia que carregava com ele uma espécie de raiva reprimida. Nós éramos próximos, mas brigávamos. Nesse sentido, acho, na vida real nós éramos muito parecidos com os personagens que interpretávamos. Na maior parte do tempo era apenas energia infantil em excesso. Ele me antagonizava por uma ou outra coisa, eu mordia de volta e a situação se deteriorava. Tínhamos muitas cenas juntos, o que significava muito tempo livre juntos. E você sabe como é quando crianças se estranham ao passar muito tempo juntas. No dia seguinte, era como se nada tivesse acontecido. Éramos apenas crianças sendo crianças, embora um tanto ardilosas.

Um dia, porém, estávamos filmando no Salão Principal. Jamie estava sentado à minha esquerda na mesa da Sonserina, Josh à minha direita, e Jamie estava me provocando incessantemente. Não havia malícia naquilo, e em outro dia poderia ser eu provocando ele, ou Josh me provocando. Jamie ficava me chutando por baixo da mesa, me dando cotoveladas e murmurando que eu era um babaca, bem quando as câmeras estavam começando a rodar. Olha, eu não era totalmente inocente quanto a fazer bagunça no set, mas *tentava* ser profissional. *Tentava* fazer o certo. Uma das coisas que os adultos martelavam muito na nossa cabeça era que, depois que a equipe tinha passado horas preparando uma cena e quando as câmeras estivessem prestes a rodar, o que quer que estivesse fazendo, você calava a boca e esperava até ouvir a palavra mágica: "Ação!". E, só porque a câmera não está apontada para você, não significa que não precisa atuar. Na verdade, sua atuação no plano de fundo pode às vezes ser tão importante quanto a sua atuação em frente à câmera. Suas reações, seus olhares e seu diálogo servem como lastro para quem estiver na frente das câmeras no momento. Por algum motivo, achei a provocação de Jamie particularmente irritante naquele dia, então, um milissegundo antes de gritarem "Ação!", eu me virei e dei um soco direto no nariz dele. Não forte, mas o suficiente para liberar um filete vermelho. De alguma maneira, foi Josh quem eles chamaram em frente aos produtores para levar uma bronca sobre não provocar Jamie. Olha que zona. Foi mal, Josh.

Quando não estávamos envolvidos em brigas, porém, Josh, Jamie e eu éramos muito próximos. Normalmente estávamos planejando algum tipo de travessura. Quando não estávamos, geralmente ficávamos alimentando nossa paixão pela música. Montei um pequeno estúdio no meu trailer e nós gravávamos diversas faixas. Era um rap gângster tão *hardcore* quanto três meninos sonserinos, brancos e ingleses poderiam produzir. As gravações ainda existem. As habilidades de Crabbe e Goyle para composição de letras ainda me impressionam, e ouço essas músicas até hoje.

Conforme os filmes progrediram, contudo, ficou claro que o interesse de Jamie em fazê-los começava a diminuir. Ele parecia pouco entusiasmado, até desanimado. Usava o mesmo truque que eu na escola: passava o fio do fone de ouvido por dentro da manga e ficava ouvindo música quando deveria estar ouvindo o diretor. Era uma atitude que combinava perfeitamente com o personagem dele, uma vez que Crabbe não dá a mínima para nada nem ninguém. Mas ficou claro para nós, que o conhecíamos, que o tempo passado nas filmagens não estava sendo fácil para ele, nem mesmo particularmente prazeroso.

E então as coisas começaram a ficar complicadas para ele fora do mundo de Harry Potter. Depois que acabamos de filmar *Harry Potter e o Enigma do Príncipe*, ele teve um problema com a lei. Seria difícil, depois disso, que os produtores convidassem Jamie de volta para os últimos filmes. Lamentei por ele. Havia estado lá desde o início e, confusões à parte, nós tínhamos sido amigos. Era parte do personagem dele não se importar com autoridade, mas, quando essa característica passou a moldar a vida dele fora dali, de repente não havia mais lugar para ele. Eu entendo os motivos, é claro, mas foi triste. Nosso trio sonserino original não existia mais.

Robbie Coltrane, que interpretava Hagrid, foi um dos poucos atores que reconheci quando começamos a gravar os filmes de Potter, graças aos papéis dele em *007 contra GoldenEye* e *Cracker*. Talvez mais que qualquer outro, ele entendia a importância de manter as coisas leves. Era um brincalhão, mas também era a pessoa com quem as brincadeiras eram feitas. Ou melhor, era a pessoa que permitia que as brincadeiras fossem feitas com ele, e as reações dele eram impagáveis. Houve uma fase em que Daniel e eu fazíamos no set a hilária pegadinha de ir trocando o idioma nos celulares das pessoas, então era difícil encontrar o caminho de volta para a configuração em inglês. Robbie definitivamente foi o alvo dessa piada diversas vezes, porque a reação dele era muito engraçada: estreitava os olhos, olhava ao redor e murmurava: "Que filho da puta fez isso?". Ele agia como se estivesse pronto para matar o culpado, mas na verdade só estava entrando no espírito da coisa. Robbie estava sempre pronto para nos lembrar de que não estávamos lá para curar o câncer. Não estávamos salvando o mundo. Estávamos apenas fazendo um filme. Nós devíamos lembrar disso, não ficar nos achando muito e tentar se divertir no processo. Ele tinha uma boa dose de Hagrid nele: o gigante amigável que nunca perdeu de vista o que era importante na vida.

Na cena de *Harry Potter e o Prisioneiro de Azkaban* em que Draco é arranhado por Bicuço, ele tem de ser carregado por Hagrid. Todo tipo de magia técnica engenhosa era usado para fazer Hagrid parecer um gigante. A maioria das minhas cenas com ele não eram feitas por Robbie, mas por Martin Bayfield, um jogador de rúgbi de quase dois metros e dez, em um enorme traje animatrônico. (Era um figurino incrivelmente quente. Jamie e eu frequentemente levávamos broncas por rir incontrolavelmente do vapor que saía das orelhas de Hagrid.) Nessa cena, no entanto, o rosto de Hagrid aparecia completamente, então, em vez de torná-lo muito grande, eles tiveram de me tornar muito pequeno. Eles criaram um boneco do Draco reduzido cerca de um quarto em relação ao meu tamanho real para Robbie carregar. Não era um brinquedo – levou meses para construir e custou dezenas de milhares de libras –, mas, naturalmente, como qualquer criança, eu estava exultante com a ideia de ter um minieu falso para brincar por aí. Meu plano imediato era levá-lo a um estacionamento, esperar alguém dar ré e então jogá-lo atrás do carro. De algum modo consegui me impedir de executar essa pegadinha, mas minha mãe estava no set naquele dia e me esforcei para amedrontá-la com o assustador Tom de borracha. Robbie entrou na brincadeira. Quanto mais minha mãe se contorcia com a ideia de ter seu filho caçula imortalizado em forma de manequim, mais Robbie sacudia o Draco falso na direção dela, para total divertimento de todos nós. Essa era a essência de Robbie. Ele tinha o senso de humor afiado de um adulto, mas também era maravilhoso com as crianças. (O boneco do Draco está agora alegremente aposentado e passando o resto de seus dias no tour de Potter nos estúdios Leavesden.)

Robbie também era bondoso e preocupado com os outros. No primeiro filme, Hagrid leva Harry, Rony, Hermione e Draco à Floresta Proibida. Parte daquela cena foi filmada no estúdio onde eles construíram a floresta. Outra parte, porém, foi externa e precisou de uma gravação noturna. Tenho a nítida recordação de estar sentado em uma lona de plástico no chão às duas da manhã em uma floresta gelada com Daniel, Rupert e Emma. Emma tinha só 9 anos e estava dormindo encolhida ao meu lado enquanto esperávamos que eles preparassem a próxima tomada. Mas, enquanto todo mundo trabalhava freneticamente, foi Robbie quem manteve o clima agradável e se certificou de que estivéssemos confortáveis, aquecidos e bem cuidados.

Em anos futuros, a maior parte do meu contato com Robbie se daria em eventos de imprensa e turnês de divulgação. Ele é fanático por veículos, com um vasto conhecimento de mecânica, motores, carros e aviões. Nós compartilhamos essa paixão, mas acima de tudo eu sempre fiquei ansioso pelas aparições públicas com ele, porque as brincadeiras e as risadas eram garantidas.

Vamos encarar a verdade: nunca se pretendeu que Neville Longbottom fosse o gostosão da história. Matthew Lewis, que interpretou Neville desde o começo, se parecia muito com o personagem no primeiro filme. Ele tinha as orelhas, o rosto, o sotaque cativante. Era Neville dos pés à cabeça.

Mas havia um problema. A cada ano, quando todos nos reuníamos para fazer o próximo filme, Matthew sempre estava ligeiramente mais bonitão, o que significava que – fisicamente falando – estava sempre ligeiramente menos Nevillesco. Felizmente ele é muito bom ator, mas chegou ao ponto de, nos últimos filmes, precisar de um calço atrás das orelhas, dentes falsos e um traje que o deixava um pouco mais gordo para evitar parecer o gostosão que estava se tornando. Quem imaginaria que Neville terminaria sem camisa na capa da revista *Attitude*?

Matthew é um ótimo exemplo de tudo que é bom em Potter. Ele é um cara amável e pé no chão, extremamente humilde. O conhecimento e o interesse dele em todo tipo de assunto garantem ótimas conversas, e isso faz dele uma das minhas companhias favoritas para tomar uma cerveja. Como eu, ele prefere não rever os filmes (ninguém gosta de ouvir a própria voz gravada, certo?), mas se desenvolveu num ator muito impressionante e tem uma confiança discreta nas próprias habilidades. De todos os *alumni* de Harry Potter, Matthew é um dos que mais gosto de encontrar. Qualquer rivalidade Sonserina-Grifinerd já está esquecida há muito tempo.

Havia certos atores no set que você nunca reconheceria fora do personagem, embora fossem lendários. Eles apenas pareciam – e digo isso da maneira mais gentil possível – senhores ligeiramente desgrenhados. John Hurt, que interpretava Olivaras, era um deles. Sou um grande fã dele agora, particularmente de sua performance em *O Expresso da Meia-Noite*, mas na época eu não fazia ideia de que ele fosse um dos grandes. Olhando para ele, era impossível saber.

O mesmo se podia dizer sobre David Bradley, que interpretava Filch. Ele era o completo oposto do personagem: não tinha nada de malévolo ou desastrado. Enquanto alguns atores demandam atenção sempre que se aproximam do set, David era sempre modesto. Ele se sentava tranquilamente no canto, o modelo perfeito de calma. Mas aprendi muito vendo como ele conseguia se metamorfosear repulsivamente em Filch, com tamanha expressão de desgosto e desprezo. Sempre apreciei assistir à performance dele. Ele claramente amava o trabalho.

Eu estava no set um dia quando vi outro senhor ligeiramente desgrenhado usando um jeans desgastado e camiseta. Às vezes eu o via por ali, e pensava que ele fazia parte da equipe de limpeza. O que posso dizer? Ele simplesmente tinha aquela aparência. Estávamos do lado de fora do Salão Principal, e pensei que seria um gesto agradável elogiá-lo pelo bom trabalho. Fiz um barulho com o sapato no chão de concreto polido, dei um joinha para ele e disse: "Ótimo trabalho, cara!". Ele se virou para ver se eu estava falando com alguém atrás dele, fez uma cara meio esquisita e não disse nada.

Mais tarde naquele dia, estavam arrumando minha juba e o mesmo cara entrou no departamento de cabelo e maquiagem. Parecia estar mostrando o lugar para familiares e amigos. Um pouco estranho para alguém da equipe de limpeza. Tive a horrível sensação de que havia cometido uma gafe, então quando ele saiu perguntei a alguém: "Quem é aquele?".

"Quem?"

"Aquele!"

A pessoa riu. "Gary Oldman, obviamente."

Eu me contorci de vergonha quando percebi que o tinha confundido com um faxineiro. Queria pedir desculpas – não que ele tenha dado a mínima –, mas no fim tomei o caminho mais fácil de ignorar completamente meu erro e fingir que sabia quem ele era o tempo todo. Em minha defesa, para uma estrela daquele calibre, o comportamento dele era bem atípico. Era discreto e humilde, sendo mais provável que o vissem preparando um chá para todo mundo do que fazendo uma social.

Assim como Sirius se tornou uma figura paterna para Harry, tenho a sensação de que Gary se tornou uma espécie de inspiração para Daniel, ajudando-o a navegar pelo complicado caminho de crescer sob os holofotes, bem como a refinar as habilidades de atuação dele. A mim parecia que eles tinham um senso de humor e uma maneira de tratar os outros membros do elenco e da equipe muito parecidos. Acho que alguns de nós – inclusive eu – tínhamos um certo ciúme daquele vínculo. Conseguíamos perceber que, em parte graças à influência de Gary, Dan estava começando a aprender o ofício melhor que qualquer um de nós. Quem melhor para se ter ao lado, nesse caso, do que Gary Oldman?

Warwick Davis foi outro dos poucos atores de Potter que reconheci no início, porque era fã do filme *Willow: Na Terra da Magia* (Willow agora é o nome da minha labradora de 4 anos esfomeada e obcecada por esquilos). Ele esteve lá desde o início do primeiro filme, no qual interpretou o Professor Flitwick – um dos vários papéis que assumiria ao longo da franquia. Era sempre discretamente encantador e divertido com as crianças. Tornou-se um amigo querido, e tive de admirar o método dele de se locomover pelo set. Por causa da altura, ele demorava mais para se deslocar que o restante de nós, mesmo quando éramos crianças. Então ele trouxe um Segway modificado para rodar por aí. Era cortado do tamanho exato, então o logo dizia "egway". Era uma cena impressionante ver Flitwick ou Grampo passando em velocidade com um aceno despreocupado e um cumprimento alegre. "Bom dia, colegas!" Mas sem dúvida nos acostumamos com cenas incomuns, cercados como estávamos de personagens e parafernálias do mundo bruxo...

20.
Uma palavra gentil de Dumbledore *ou* um pouco de ar fresco

Como todo mundo sabe, tivemos dois Dumbledores. Sir Richard Harris o interpretou em *Harry Potter e a Pedra Filosofal* e *Harry Potter e a Câmara Secreta*, e então, quando ele lamentavelmente faleceu, Sir Michael Gambon assumiu o papel.

Na época eu não tinha a dimensão exata de quão lendário Richard Harris era, uma vez que tive pouco contato com ele. Só me disse três palavras na vida. Ele me chamou de canto no intervalo entre duas cenas, quase na entrada do Salão Principal, olhou para mim de um jeito muito Dumbledore e disse: "Você é bom". Nada além disso. Não acho que ele estivesse querendo me enrolar, e certamente não percebi naquele momento que estava sendo elogiado por um dos grandes. Será que *eu* achava que era bom? Bem, eu tinha a sensação de que não fazia o que todo mundo estava fazendo. Draco nunca quer seguir a maioria. Se o restante dos alunos estiver parado *aqui*, ele vai parar *ali*. Quando eles estiverem desgrenhados, ele vai estar perfeito. Quando as vestes deles estiverem desabotoadas, as de Draco estarão firmemente abotoadas (um traço que eu odiava na época, porque qual adolescente que se preze quer que seu uniforme seja assim?). Então o personagem fazia com que eu me destacasse facilmente.

Mas isso era a mesma coisa que ser bom? Será que eu merecia aquelas palavras bondosas do Dumbledore original? A verdade é que essas questões são completamente subjetivas. Todos nós sabíamos – inclusive Daniel, Emma e Rupert – que tínhamos muito a aprender. Claro, sabíamos que não era para olhar diretamente para a câmera e sabíamos como encontrar nossas marcas, mas era a qualidade dos atores ao nosso redor que nos fazia parecer quase decentes. Como qualquer pessoa em alguma área desafiadora, contudo, eu tinha meus momentos bons e aqueles que preferia esquecer.

A arrogância do Tom às vezes ajudava o Draco a ganhar vida na tela, e às vezes não. Em *Harry Potter e a Câmara Secreta*, quando Harry e Rony tomam a Poção Polissuco para se transformar em Crabbe e Goyle, eles seguem Draco até a sala comunal da Sonserina. Harry se esquece de tirar os óculos, o que leva a um bom exemplo da genialidade de Chris Columbus. Quando Goyle explica que estava usando óculos porque estivera lendo, me pediram para improvisar o que se tornaria uma das minhas falas favoritas do Draco de todos os tempos. Depois da terceira tomada, Columbus parecia um pouco empolgado, pois havia tido uma grande ideia. Ele se aproximou de mim com um jeito discreto e animado, me puxou de lado e cochichou uma piada no meu ouvido. "Quando ele disser que está usando óculos porque estava lendo, você fala: 'Achei que não sabia ler'." Nós compartilhamos um sorriso e aquela foi a tomada que entrou na versão final. Eu sabia que entraria porque Chris caiu na gargalhada depois de gritar "Corta!".

A cena seguinte, por outro lado, não foi o meu melhor momento no set. Nós três entramos na sala comunal da Sonserina, com Draco na frente lendo o *Profeta Diário*. Draco tinha um monólogo bem robusto. Eu não sabia nada das minhas falas naquele dia, e isso custou a eles umas boas horas de gravação. Levei uma bronca bastante dura de David Heyman, e até telefonaram para minha mãe dizendo que eu *tinha* de saber minhas falas, senão... Eles acabaram imprimindo pedaços do roteiro e os colando no jornal, para que eu pudesse lê-los. Duvido que Richard Harris fosse ficar muito impressionado se estivesse lá naquele dia.

Conforme fui ficando mais experiente, comecei a entender que a noção de ser "bom" ou "ruim" em uma cena tem mais nuances do que a maioria das pessoas imagina. Você pode fazer uma ótima atuação, mas, se não estiver conectado com os outros atores em cena, não estará fazendo um bom trabalho, assim como bater numa bola de tênis com a maior força possível não significa fazer uma boa partida. Não existe bom ou ruim individualmente. Tem a ver com a performance do grupo, com contexto, interpretação e opinião. Se Rupert tivesse interpretado Draco e eu tivesse interpretado Rony, os filmes teriam sido diferentes, melhores ou piores? Todas as anteriores. Cada um vai ter sua própria visão.

Então me lembro daquelas palavras bondosas do Dumbledore original com carinho, mas também tenho minhas dúvidas quanto à validade delas. Muito do que demonstrei naqueles primeiros filmes era a arrogância de uma criança que ficava confortável em frente às câmeras. Foi bom ser elogiado, mas eu enxergo o outro lado.

Tive muito mais contato com nosso segundo Dumbledore do que com o primeiro. Richard Harris e Michael Gambon tinham personalidades muito diferentes na vida real. Richard Harris lembrava o meu avô de muitas maneiras. Tinha uma sabedoria calorosa e discreta, muito adequada ao papel que interpretava. Michael Gambon era mais performático. Ele pode ter interpretado o velho bruxo, mas por dentro era praticamente um garoto. Era autodepreciativo, mas havia atingido aquela idade e aquela reputação em que podia dizer quase qualquer coisa e se safar, não importava quão ultrajante fosse. Adorava uma história engraçada ou uma piada rápida, e acho que isso transparece na interpretação dele do personagem. A performance dele, na minha opinião, foi extremamente impressionante, especialmente em *Harry Potter e o Enigma do Príncipe*.

Acima de tudo, ele era muito divertido. Uma das principais regras durante as filmagens era que nunca permitiam que você dirigisse até o trabalho. Acho que havia questões de seguro envolvidas, mas, muito mais importante, o pessoal da produção sabia que metade do elenco chegaria atrasada se não houvesse um motorista esperando na porta de casa às seis e meia da manhã, pronto para te levar ao trabalho. E o atraso não é desejável quando você está tentando reunir trinta pessoas no set ao mesmo tempo. Toda regra tem sua exceção, no entanto, e nesse caso a exceção era Michael Gambon, que era aficionado por carros – ele teve um Audi R8 novíssimo em algum momento, e depois uma Ferrari. Ele ia dirigindo para o trabalho e estacionava o carro bem na frente do Portão 5, que era basicamente o lugar mais inconveniente para deixá-lo. Às vezes eu estava tingindo o cabelo e ouvia o ronco do motor do lado de fora. Pode acreditar que eu pulava da cadeira e saía correndo para apreciar o carro de Gambon com a cabeça cheia de água oxigenada e papel-alumínio. Ele deixava as crianças se sentarem lá dentro, e, embora eu tenha certeza de que aquilo feria todo tipo de regulamento, quem poderia de fato discutir com ele? Quero dizer, ele é Dumbledore, afinal.

Gambon gostava de se fazer de burro. Ele frequentemente experimentava uma confusão fingida – "Que cena nós estamos fazendo, meu bem? Onde estamos? Que personagem eu faço mesmo?" –, mas tenho certeza de que estava basicamente zoando com as pessoas. Havia ocasiões em que apresentava um domínio não tão completo das falas – uma vez tiveram de segurar cartazes enormes atrás da câmera, o que me fez sentir um pouco melhor sobre a minha ocasional inconstância a esse respeito. Isso não significava que ele não fosse levado muito a sério. Ele era, e foi levado particularmente por mim quando chegou a hora de filmarmos o que talvez fosse a cena mais significativa e memorável do Draco: no alto da torre atingida pelo raio em *Harry Potter e o Enigma do Príncipe*. Havia várias cenas nesse filme apenas com Draco e os adultos, e essa era a maior delas. Draco tem a varinha apontada para Dumbledore e está reunindo coragem para cumprir a ordem de Voldemort para matar o diretor.

Eu não estava exatamente nervoso quanto a gravar aquela cena. Estava animado. Mas sabia que aquele era o meu momento. Estava acostumado a ensaiar com todos os outros jovens, mas nunca haviam me chamado para ensaiar sozinho. Isso mudou nessa cena, e eu me deliciei com aquilo. Muitos dos meus direcionamentos prévios haviam se limitado a: "Fique parado no canto e pareça bravo!", ou "Olhe para a bola de tênis e imagine que ela é um dragão!". Eu me senti bem por finalmente ter um momento tão significativo no filme, uma cena na qual poderia realmente me esforçar. Então ensaiei muito e sabia minhas falas de trás para a frente.

Chegou o grande dia. Por algum motivo, apesar da minha preparação, eu estava me enrolando com uma fala em particular. E é uma coisa estranha, mas, uma vez que você entra na toca do coelho, é difícil rastejar para fora dela. Uma vozinha começa a martelar na sua cabeça. "Você *sabe* essas falas. Passou a noite acordado recitando todas elas. Por que não consegue acertar?" E, quando essa voz começa a martelar, não tem volta – é um pouco como os ataques de riso no set. Fizemos três ou quatro tomadas, talvez mais, e em cada uma delas eu estraguei tudo. Pediram um intervalo, e Gambon fez aparecer um cigarro de trás da barba. Ele e eu podíamos ser frequentemente encontrados fora do galpão que abrigava a Torre de Astronomia tomando "um pouco de ar fresco", como costumávamos chamar. Havia pintores, rebocadores, carpinteiros e faíscas, e no meio disso tudo havia Dumbledore e eu fumando um cigarro furtivo. "Um pouco de ar fresco, velho amigo?", ele sugeriu.

Nós saímos do estúdio, Gambon com vestes e uma "meia de barba" que ele usava (em grande parte para mantê-la penteada, mas em parte por medo de colocar fogo nela com o cigarro), e eu com meu terno preto completo. Nós acendemos, demos umas tragadas e então eu pedi desculpas. "Sinto muito, Michael. Eu sei as falas. Não sei por que eu fico errando. Só estou um pouco fora de controle agora."

Ele dispensou bondosamente minhas desculpas com um gesto, mas eu estava no limite e as desculpas continuaram vindo. "Sério, não sei qual é o meu problema. Não sei por que não consigo acertar as falas." Então ele sorriu e disse: "Meu querido, você tem alguma ideia do quanto me pagam por dia? Nesse ritmo, se você continuar fazendo merda, vou ter uma Ferrari nova na semana que vem". Falou absolutamente sério, nenhum indício de piada. "Continue fazendo o que está fazendo, meu filho."

Será que ele disse isso para me acalmar? Eu não sei. Mas sei que instantaneamente senti a pressão desaparecer. Nós voltamos para o set, e a partir daquele momento tudo correu muito bem. Pela segunda vez eu havia recebido palavras bondosas de Dumbledore. O método de Michael Gambon para encorajar um ator menos experiente era muito diferente do de Richard Harris, mas eficaz.

Você nunca sabe, até ver o filme finalizado, quantas das cenas que filmou estarão nele. Às vezes não entra quase nada. Foi gratificante assistir a *Harry Potter e o Enigma do Príncipe*, porque tudo que eu filmei entrou. A sensação é boa. Será que eu tinha estado à altura do elogio precoce de Richard Harris? Você já sabe que tenho minhas reservas quanto a afirmar que uma performance individual é boa, porque há muitos outros fatores que contribuem. Certamente fui muito aclamado, mas, para dizer a verdade, embora tenha ficado satisfeito com o resultado, me senti injustamente elogiado. Muito da efetividade daquela cena se deve ao modo como foi filmada e à localização dela na história. Fatores que estavam muito além do meu controle.

No intervalo entre filmar *Harry Potter e o Enigma do Príncipe* e vê-lo de fato, eu mudei de endereço. Àquela altura já havia saído da casa da minha mãe e estava morando no meu próprio apartamento em Surrey com meu amado cachorrinho Timber. Meu querido amigo Whitey se mudou para o meu antigo apartamento. Ele me ligou um dia para contar que havia chegado uma carta para mim. Imediatamente presumi que fosse uma multa de estacionamento em local proibido, mas ele disse que a havia aberto por engano. "É de um cara chamado Jo", ele disse.

Um cara chamado Jo?

"E tem uma coruja no alto da página."

A ficha caiu. "O que diz nela?", eu quis saber.

"Não sei. Eu não li."

"Então leia!"

"Alguma coisa sobre um *Harry Potter e o Enigma do Príncipe*..." É preciso afirmar que Whitey não era um fã.

"Guarde a carta", falei para ele. "Estou indo aí agora."

A carta de Jo Rowling foi o meu primeiro contato com ela em anos. Foi escrita no papel de carta belamente ornamentado dela, dizia que ela estava satisfeita com o resultado do filme e elogiava minha performance. É óbvio que ela acabou emoldurada e está comigo até hoje. Se não fosse pelo incentivo não ortodoxo de Michael durante aquele pouco de ar fresco, porém, tudo poderia ter sido muito diferente.

21.
O lóbulo da orelha de Alan Rickman *ou* não pisem na p*rra da minha capa!

Estamos no sexto filme, *Harry Potter e o Enigma do Príncipe*. Snape acabou de matar Dumbledore. Ele, Draco, Belatriz e uma variedade de Comensais da Morte marcham pelo Salão Principal para fugir de Hogwarts. É uma situação muito arriscada.

David Yates, o diretor, tem uma visão: uma formação em V, com Snape na liderança, e o restante do grupo posicionado atrás dele como pinos de boliche (ou gansos) conforme descemos o corredor. Helena Bonham Carter tem outra ideia. Ela quer dançar sobre uma das mesas compridas, chutando tudo, gritando e rindo como louca. É característico e brilhante: Belatriz aparenta ser completamente perturbada. Mas estamos tendo problemas para acertar o enquadramento. Gravamos umas duas tomadas, descendo rápido pelo Salão Principal, com a equipe de câmeras andando de costas à nossa frente. Mas não dá certo. Alan Rickman está perfeitamente em foco, mas o restante de nós fica um pouco borrado. Estamos longe demais, esse é o problema. David Yates indica que precisamos ficar mais perto de Alan.

Desde o começo, Alan Rickman tinha certas sugestões sobre a roupa de Snape. Ele sentia que Snape teria vestes extremamente longas e esvoaçantes, que deveriam incluir uma capa comprida que arrastasse no chão atrás dele conforme andasse, como a cauda de um vestido de noiva. Assim que David nos deu essa nova instrução, Alan se virou para nós pouco antes que as câmeras começassem a rodar. Seus olhos estavam apertados. Os lábios também. Uma sobrancelha estava sutilmente erguida. Qualquer aluno de Hogwarts, dada a força total daquele olhar característico de Snape, teria sentido as pernas fraquejarem. E não vou mentir, até nós, atores, passamos por um momento desconfortável enquanto esperávamos que ele dissesse alguma coisa. Então ele falou bem ao estilo Snape, cada palavra bem isolada, carregada de significado e pontuada por uma pausa longa e agonizante.

"Não..."

Silêncio. Nos entreolhamos de lado. Pensamos: *Não o quê?*

"Pisem..."

Olhamos para o chão. E então nos voltamos para Alan outra vez.

"Na... porra... da... minha..."

Piscamos e piscamos de novo.

"Capa."

Demos uma risada nervosa, mas Alan não estava rindo. Ele nos lançou um olhar gélido, então se virou, a capa esvoaçando como um morcego atrás de si. Livres de seu olhar, nós, Comensais da Morte, nos olhamos, e um de nós sussurrou: "Ele está falando sério?". Ele estava. *Mortalmente* sério. Não deveríamos, de jeito nenhum, pisar na porra da capa.

Então tentamos de novo, mais próximos desta vez. E quem é que está andando exatamente atrás de Snape? Draco, é claro, e os pés dele ficam a centímetros da barra da capa conforme o grupo marcha apressadamente pelo Salão Principal. O diretor nos dá instruções: "Queixo para cima!", diz. "Não olhem para baixo! Precisamos ver o rosto de vocês!"

O que quer dizer que não conseguimos manter os olhos na barra da capa de Alan. Então fico falando na minha cabeça enquanto nos preparamos para a tomada: *Não pise na capa. Não pise na capa. Não pise na...*

"Ação!"

Alan começa a andar. O restante de nós o segue.

Um passo...

Dois passos...

Três passos...

Bem, a capa de Alan ficava presa nos ombros por um aro de tecido que dava a volta no pescoço dele. Quando eu inevitavelmente pisei na barra, não tínhamos chegado nem à metade do Salão Principal. A cabeça dele deu um tranco para trás. Por um momento horrível, pensei que ele fosse perder o equilíbrio. Seu grito estrangulado ecoou pelo set.

"Aaaargh!"

"Corta!"

Silêncio.

Muito cuidadosamente, tirei meu pé da barra da capa. Alan se virou. Devagar. Dei meu melhor sorriso de desculpas.

"Desculpe, Alan."

Alan não respondeu.

"Eu... eu realmente não fiz de propósito", balbuciei.

Alan continuou sem dizer nada. Deu as costas para mim. *Merda*, pensei. *Eu o irritei de verdade.*

Alguém gritou: "Vamos de novo!". Voltamos timidamente aos nossos pontos de partida. Voltei a falar na minha cabeça. *Caralho, Felton. Não pise na capa. Não pise na capa. Não pise na...*

"Ação!"

Desta vez, pode acreditar que eu estava dando passinhos minúsculos atrás de Alan conforme o comboio de Comensais da Morte tentava de novo fazer sua procissão. Dei um passinho minúsculo...

Dois passinhos minúsculos...

Três passinhos minúsculos...

"AAAARGH!"

Dessa vez foi pior. Todo o corpo de Alan balançou intensamente e ele girou os braços para manter o equilíbrio.

"CORTA!"

Horrorizado, olhei para baixo. Não era possível que eu tivesse pisado na barra *de novo*. Para meu alívio eterno, não tinha sido eu. Um de meus colegas Comensais tinha ultrapassado o limite dessa vez. E Alan estava furioso.

"Eu não vou..."

Ele anunciou.

"Fazer... essa... porra..."

Ele declarou.

"De... novo!"

Depois de um pouco de negociação com o diretor, Alan concordou em tentar só mais uma vez. Os Comensais e eu nos olhamos em pânico, mas, para nosso alívio, na terceira tentativa ninguém pisou na porra da capa. Mas se você achava que Snape parecia um pouco estrangulado naquela cena, agora sabe por quê.

Na cena seguinte, Snape e os Comensais da Morte fogem para as terras do castelo. Alguém coloca fogo na cabana de Hagrid. Harry e Snape chegam a batalhar antes de Snape revelar que é o Príncipe Mestiço.

Eles tinham construído esse set externo em Leavesden: uma colina enorme, como se fosse um campo de futebol em um declive. Gravamos à noite. Helena estava em algum lugar ao fundo agindo como doida, fazendo sua dança maníaca depois de ter se enchido de *espressos* a noite toda. Alan e eu estávamos parados no meio do campo, esperando Daniel chegar.

Há um momento, quando você está montando uma cena, que às vezes é esquisito. A equipe está alinhando tudo, coloca os atores em posições específicas e pede que eles olhem uns para os outros para que seja possível iluminar tudo corretamente. E então, entre as tomadas, enquanto eles estão conferindo o que acabaram de gravar, é a mesma coisa: você fica lá parado como um dois de paus, esperando pacientemente até que te mandem retomar. Nem sempre é completamente confortável ficar olhando nos olhos de uma pessoa que você não necessariamente conhece muito bem. Eu costumo usar o truque do lóbulo da orelha: fico olhando para o lóbulo da orelha do colega em vez de olhar nos olhos dele, o que de algum modo alivia a esquisitice e preserva o momento para quando as câmeras começarem a rodar.

Naquela noite, me vi encarando o lóbulo da orelha de Alan Rickman. Tínhamos gravado uma tomada e estávamos esperando que o diretor a conferisse. O momento parecia levar uma eternidade, e Alan e eu estávamos envoltos por um longo e estranho silêncio. Pelo menos foi estranho para mim. Sempre tive a impressão de que Alan nunca ficava desconfortável com o silêncio. O silêncio, na verdade, era o estado preferido dele. E, embora àquela altura eu já tivesse passado anos com ele no set, ainda tinha um certo receio do homem. E o fato de ter pisado na porra da capa dele não ajudava.

Porém, enquanto estávamos parados na noite fria, senti uma necessidade tipicamente britânica de preencher o silêncio. Não deveria ser nada de mais, mas, de alguma forma, era. Por fim, reuni a coragem para dizer: "E como vão as coisas, Alan? Você está bem? Se sentindo bem?".

Cinco longos e silenciosos segundos se passaram. Dez longos e silenciosos segundos se passaram. Comecei a me perguntar se ele sequer tinha me ouvido. Será que eu deveria repetir a pergunta? Mas então ele virou a cabeça lentamente e focou em mim, com aquele olhar furioso de Snape. Prendi a respiração, me perguntando se de alguma forma tinha conseguido ofendê-lo. Ouvimos Helena dando um gritinho ao fundo. O vento soprou. Estava frio, estávamos cansados e não podíamos nos mexer naquele lugar onde nossos pés já estavam plantados havia três horas. Definitivamente não era um tapete vermelho.

Bem devagar, bem claramente, Alan entoou: "Nunca... *estive melhor*".

Então ele virou a cabeça para olhar para o outro lado. Mas, conforme se virava, pude ver a sombra de um sorriso nos lábios dele. E foi ali que percebi que, longe de ser a figura aterrorizante que sempre presumi que ele devia ser, Alan era um homem com um senso de humor bem sarcástico. Eu não precisava ter receio dele. Longe disso. Precisava aproveitar o tempo que tivesse com aquele homem interessante, inteligente e espirituoso.

No começo das filmagens, recebíamos nossas próprias cadeiras com o nome dos nossos personagens no tecido do encosto. Essas cadeiras ficariam conosco até o fim das gravações.

Certo dia, Alan Rickman estava sentado conversando com Helena Bonham Carter, Helen McCrory, Jason Isaacs e Michael Gambon. Até para os padrões de Harry Potter esse é um grupo de pesos-pesados bem impressionante. É o *crème de la crème* da indústria cinematográfica britânica bem ali. Eles estavam sentados em suas confortáveis cadeiras de diretor. Eu tinha uma cadeira bem menor, dobrável, já que, quando comecei, meus pés nunca tocariam o chão se eu tivesse uma das maiores. Quase imediatamente, Alan se levantou. Ele foi até um dos assistentes de direção, apontou para mim e exigiu que eu recebesse uma cadeira de diretor de verdade, para que pudesse me sentar à mesma altura deles. A princípio me perguntei se era uma espécie de piada, mas logo ficou claro que ele estava falando sério. "Alan, cara", eu disse, "está tudo bem, fico feliz com a minha cadeira menor." Ele não aceitaria um não como resposta. Não causou confusão nem foi mal-educado, apenas continuou calmamente insistindo que alguém me trouxesse uma cadeira da mesma altura das outras.

Foi uma coisa pequena, mas nunca vou me esquecer daquele momento de bondade. Alan queria que um membro mais jovem do elenco fosse tratado da mesma maneira que aquelas grandes estrelas. Ele não precisava ter feito aquilo, mas o fato de ter feito diz muito sobre o homem que era.

Agora que Alan se foi, eu me lembro frequentemente daquele momento com a cadeira de diretor. E não só Alan, claro. Richard Harris, John Hurt, Helen McCrory... a lista de artistas dos filmes de Harry Potter que não estão mais entre nós cresce inevitavelmente. Quando penso que eles se foram, me vejo no purgatório, porque só agora, na vida adulta, foi que comecei a entender o efeito que eles tiveram sobre mim e quão brilhantes eram como exemplos.

Mal vemos o tempo passar. Há momentos em que ainda penso em mim como aquele moleque roubando DVDs da HMV. E há momentos em que percebo que definitivamente não sou ele. Encontro com fãs que estão mais perto do momento em que nasceram do que da minha idade. Na verdade, a maioria dos fãs que me abordam hoje não tinha nem nascido quando os primeiros filmes foram feitos. Às vezes estou em um set de filmagem em que, longe de ser uma das crianças desgrenhadas, eu sou o veterano. E é nesses momentos, quando é importante que eu me comporte da maneira certa, que percebo a influência positiva que esses atores tiveram sobre mim, esses atores com quem cresci e que vieram antes de mim. Então me dou conta de que, mais uma vez, a vida imita a arte. Nos filmes de Harry Potter, interpretávamos bruxos jovens e inexperientes que frequentavam uma escola para aprender com bruxos brilhantes, e um pouco desse brilhantismo passava para nós, para que, sete anos depois, saíssemos como adultos mais ou menos decentes. E também era assim na vida real. Os produtores escolheram vários atores mirins crus, inexperientes e, para ser sincero, sem muita ideia do que estavam fazendo. Mas, se você os deixa conviver com a nata da atuação britânica por alguns anos, eles tendem a aprender uma ou duas coisas.

E nós aprendemos. Mas não de uma maneira desastrada. Ninguém me chamou de lado e disse: "Filho, é assim que você tem de se comportar em um set de filmagem". Aprendi tanto com o que essas pessoas *não* fizeram quanto com o que fizeram. Elas não exigiam tratamento especial. Não elevavam a voz nem faziam escândalo sobre nada. Foi só bem mais tarde na minha carreira que aprendi que essa nem sempre é a regra. Já estive em sets de filmagem, especialmente nos Estados Unidos, em que um ator chega uma hora atrasado de propósito, só para mostrar que pode, ou por pura desatenção. Em que ele ou ela grita "Corta!" no meio de uma cena, quando claramente não é sua função fazer aquilo. É o oposto da autoridade calma, educada e treinada que meus mentores britânicos exibiam. Sempre me surpreende, quando alguém comenta sobre a maneira que me comporto no set, que algo menos que respeito básico pelas pessoas ao redor possa sequer ser considerado aceitável. Essa é uma atitude que aprendemos com pessoas como Alan. Acredito que elas sejam uma das principais razões pelas quais nós, que éramos crianças na época, não viramos uns babacas depois de adultos. Crescemos vendo eles tratarem todo mundo no set com gentileza, paciência e respeito. Alan sempre se oferecia para fazer chá para os outros. Ele falava com as crianças – e, mais importante, com cada um dos membros da equipe, dos operadores de câmera aos copeiros – da mesma maneira que falava com seus contemporâneos. Quando sua presença se fazia sentir – como quando pisamos na porra da capa –, era sempre com um brilho sutil no olhar. Às vezes podia ser difícil de discernir, mas estava sempre lá.

Agora que estou mais velho, gostaria de poder agradecer a todos esses atores que já faleceram por tudo que fizeram por nós. Dando o exemplo, eles nos fizeram agir com humildade e bom humor, e sempre serei grato por isso.

22.
Indesejável nº 1 (Parte 3) *ou* o melhor/pior acompanhante do mundo

Se você for uma criança no set, precisa de um acompanhante. É a lei. E faz sentido. Não é fácil saber quem está fazendo o que quando há centenas de crianças aprontando por todo lado. Um acompanhante fica lá para assegurar que você esteja a salvo e garantir que esteja cumprindo as muitas regras que determinam o que um ator mirim pode e não pode fazer durante um dia de gravação, que é comandando pelo controle do tempo. Eles precisam garantir que você nunca fique no set por mais de três horas seguidas e que a sua cota diária de aulas seja mantida. Também precisam conferir se você está se alimentando direito e ficando longe de confusão. Algumas das regras pareciam ridículas na época. Eles precisam acompanhar você até quando vai ao banheiro, então sempre sabiam se e quando eu atendia a um chamado da natureza.

Alguns de nós – inclusive Emma e Rupert – tinham acompanhantes profissionais. Era o trabalho deles, e eles eram rigorosos quanto a cumprir todas as exigências e preencher todos os itens. O acompanhante de Daniel, por exemplo, era o pai dele, Alan. Já eu tinha meu avô com os olhos benevolentes sobre mim (e também me ensinando a dar meu sorrisinho) e também minha mãe, que já estava acostumada a me acompanhar em sets de filmagem de qualquer forma.

Então, em *Harry Potter e o Prisioneiro de Azkaban*, quando ninguém mais podia ir e o desespero bateu, convocamos meu irmão Chris. Do ponto de vista de uma criança, ele era o melhor acompanhante que eu poderia querer. E, de um ponto de vista objetivo, era também facilmente o pior acompanhante da história da indústria do cinema. Já contei sobre o nosso hábito de passar a noite toda pescando antes de eu voltar ao set fingindo estar totalmente revigorado e desperto após oito ótimas horas de sono. Chris me ensinou mais durante essas sessões noturnas do que como pescar uma carpa. Também ensinou o Tom de 14 anos a bolar um baseado. Previsivelmente, logo não apenas preparava o beque como também o aproveitava. Como eu talvez tenha mencionado, ter três irmãos mais velhos significava que eu progredia para determinadas atividades mais cedo que algumas pessoas.

Ne época em que Chris era meu acompanhante, eu tinha me mudado do camarim para um trailer individual no estacionamento, do lado de fora do Portão 5. Enquanto eu ia fazer o cabelo e a maquiagem, ele ia encher o bucho na lanchonete e capotar dentro do trailer pelo resto do dia. Nessas ocasiões, eu nem o via. Quando voltava para o trailer após um dia árduo de gravação, Chris estava se espreguiçando, bocejando e começando a pensar em se levantar. Ele pegava uma xícara de chá, fumava alguns cigarros e então nos agasalhávamos bem, voltávamos para o lago e começávamos tudo de novo.

Um acompanhante profissional, cuidadoso e consciente ficava literalmente parado em um canto com um cronômetro, para garantir que o tempo máximo de sua criança no set não fosse ultrapassado e que ela não estivesse sendo privada de tempo de educação nas salas de aula. Um acompanhante profissional, cuidadoso e consciente apressaria a criança para ir do set para as aulas o mais rápido possível. Mas não Chris. Nas ocasiões em que ele não estava tirando um cochilo no trailer, nós caminhávamos tranquilamente do set até as salas de estudo, pegando o caminho mais longo pelos estúdios, talvez até parando na copa para uma Coca-Cola e uma barra de chocolate ("Enche a cara, mano, bebe o quanto você quiser dessa merda!") e tirando alguns minutos para pelo menos mais "um pouco de ar fresco" atrás do Salão Principal.

O acompanhante é o soberano da sua diária e do pagamento em dinheiro que artistas, acompanhantes e membros da equipe recebem uma vez por semana para cobrir as despesas diárias do período em que estiverem na locação. O valor dava cerca de trinta libras por dia, e deveria ser administrado pelo acompanhante e gasto em itens como alimentação, lavanderia e ligações para casa. Naturalmente, seria loucura entregar o dinheiro direto para as crianças. Certo?

Chris não pensava assim. Como era o irmão mais velho legalzão, ficava feliz em me entregar o ouro diretamente. É claro que ele às vezes jogava a carta de ameaçar segurar a grana – "Faz o que eu tô mandando ou vou ficar com a sua diária, lombriga!" –, mas geralmente o dinheiro ia direto para o meu bolso. E, como eu podia passar o dia todo só com um Salamitos e um pacote de batatinha frita, minha vontade de gastar notas de vinte libras em algo tão mundano quanto a lavanderia era limitada. Por muito tempo minhas diárias foram para rolamentos novos e os jogos de computador mais recentes. (As diárias de Chris também eram gastas de uma maneira que os produtores certamente não esperavam nem pretendiam: era a grana da erva para ele, e permitia que ele continuasse a ser um Sonseri-noia.)

Chris também não se incomodava de "adquirir" pequenos suvenires do set. Não vou dizer que foi totalmente por culpa dele que, nos três últimos filmes, passaram a revistar os carros de qualquer pessoa que saísse dos estúdios. Nem vou dizer que tiveram de contratar toda uma equipe de segurança por causa de um certo mão-leve. Havia várias presenças frequentes em Leavesden que se serviam de alguns galeões ou uma gravata de Hogwarts de vez em quando, mas, em se tratando de transgressores, Chris era o maior. De fato, várias cópias de *O Meu Eu Mágico*, de Gilderoy Lockhart, apareceram sem explicação dentro da mochila dele. Mas ele não era, me apresso em dizer, o criminoso de coração gelado que estou fazendo parecer. As poucas coisas que ele pegou acabaram sendo leiloadas, e a renda foi revertida para alguma instituição de caridade local ou para causas que ele apoia. Certa vez ofereceram a ele uma grande quantia em troca de fotos secretas do set só para que elas vazassem antes que o próximo filme fosse lançado. Ele recusou, é claro (ao menos foi o que me disse).

Então, ele era o pior acompanhante, mas também o melhor. Ele me tratava como um adulto quando eu ainda era só um adolescente espinhento. E era definitivamente um dos caras mais populares do set. Todo mundo adorava o Chris, e acho que a experiência fez bem para ele. Quando começou, era bastante reservado e talvez parecesse até meio agressivo, com a cabeça raspada e dois brincos de argola dourados. Ele foi recebido de braços abertos, e isso o amoleceu um pouco. Ele sempre foi um pouco frio e desdenhoso em relação a ficar lá de vigia – diferente de Jink, é claro –, mas passar tempo com a família Potter ajudou, se é que posso me atrever a dizer, a fazer aflorar seu lado mais sensível. Que fofo.

Além de rap gângster *hardcore* e de pescar carpas, Chris e eu também amávamos todo tipo de carro. Costumávamos passear pelas páginas da *Auto Trader* e babar em possíveis aquisições. Éramos obcecados por BMWs, especialmente as pretas. Não importava que eu ainda fosse novo demais para dirigir; Chris já tinha habilitação e eu herdei dele a paixão por combustível, assim como aconteceu com várias outras coisas pelas quais ele se entusiasmava. Então, quando apareceu um BMW 328i à venda na região e percebi que eu tinha dinheiro suficiente na conta para comprá-lo para o meu irmão, não tive dúvida de que seria uma boa forma de gastar meu dinheiro. Pegamos um táxi até a casa do cara e entregamos a ele uma sacola de supermercado cheia de notas usadas. Nem preciso dizer que ele ficou meio desconfiado. Ficamos esperando por um século que ele terminasse de contar o dinheiro, olhando cada nota contra a luz, enquanto nos esforçávamos para parecer calmos, como se fizéssemos aquele tipo de coisa o tempo todo. Assim que o cara ficou satisfeito com a grana, Chris pegou as chaves e se sentou ao volante, comigo no banco do passageiro. Com grande resistência, ele dirigiu devagar por uns duzentos metros até dobrar a esquina e sair do campo de visão do dono anterior. Então parou o carro. Puxou o freio de mão.

Olhou para mim. Sua expressão estava difícil de ler. Ele pegou meu rosto com as duas mãos, me deu um beijo na testa e soltou um gritinho empolgado de prazer. Juro que tinha uma lágrima no olho dele. "Obrigado!", ele ficava repetindo. "Muuuuito obrigado!" Gritamos triunfantes, como se tivéssemos cometido um assalto enorme e elaborado. Ainda faltavam anos para que eu pudesse dirigir, mas fiquei tão obcecado pelo BMW quanto Chris. As rodas. O ronco do motor. A aceleração emocionante. De modo geral, eu não era diferente de um adolescente normal com o pôster obrigatório da Ferrari na parede do quarto. A única diferença era que eu tinha os meios para tornar realidade o sonho de Chris e meu.

A essa altura você já deve ter percebido que a influência do melhor/pior acompanhante do mundo às vezes me levava a expressar meu lado mais rebelde. Chris me apresentou à maconha, o fruto proibido, e é claro que ela aparecia em todo rap que eu já tinha ouvido. Então talvez não tenha sido totalmente surpresa que eu fosse aproveitar a apresentação e continuar a amizade com o cigarrinho do capeta. Talvez ela tenha me levado ao meu momento mais idiota enquanto jovem.

A cena era um campo irregular atrás de um prédio público em Bookham, em Surrey, bem perto de onde eu morava com a minha mãe. Isso foi depois que meus pais se divorciaram e eu estava passando por uma típica fase adolescente. Estávamos em quatro, sentados em círculo na grama. Eu estava usando meu moletom vermelho de capuz do Wu-Tang e compartilhávamos um baseado. Os itens usados para bolar estavam todos espalhados ao nosso redor: tabaco, seda, um isqueiro, uns três gramas de haxixe. E o cheiro inconfundível de maconha pairava sobre o grupo.

Foi bem quando o beque estava comigo que olhei para cima e vi, a menos de cem metros de nós, dois policiais: um homem e uma mulher. Vinham na nossa direção com certa determinação.

Merda.

Um dos meus irmãos – não vou revelar qual – tinha me dado um conselho para situações como essa. "Mano, só lembra disto: se não estiver *em* você, eles não podem te acusar." De acordo com meu consultor jurídico, eles tinham de provar que você era realmente culpado de possuir o produto. Se a maconha não estivesse no seu bolso, ele me disse, você estaria em segurança. Com aquele conselho ressoando nos ouvidos e a polícia a menos de cinquenta metros de distância, eu me levantei, resplandecente no meu moletom vermelho, reuni a parafernália nas mãos e tentei enfiar tudo, junto com o baseado, em uma moita ali perto. Fiz isso completamente à vista dos policiais enquanto eles continuavam se aproximando, então voltei aos meus amigos e me sentei de novo.

Os policiais chegaram. Olharam para nós. Nós olhamos para eles de modo inocente. O cheiro forte da erva deixava totalmente óbvio o que estávamos fazendo.

```
EXT. UM PARQUE PÚBLICO EM ALGUM LUGAR DE SURREY.
DIA.

    POLICIAL
    O que vocês estão fazendo?

    TOM
    (cheio de energia)
    Nada.

    POLICIAL
    Sim, vocês estão. Acabamos de ver você colocar
    alguma coisa ali na moita.

    TOM
    Não, vocês não viram.
```

> POLICIAL
> (pacientemente)
> Vimos, sim.

> TOM
> Não, cara. Não fui eu.

Há um silêncio longo e profundo. Os policiais, de sobrancelhas erguidas, não estão nem um pouco impressionados com esses adolescentes atrevidos e sua fraca estratégia legal. E, a cada segundo que passa, os adolescentes atrevidos ficam menos confiantes. Até que...

> POLICIAL
> Você quer mesmo ir por esse caminho, filho?

> TOM
> (colapsando, toda a energia drenada de si)
> Perdão. Não. Olha, desculpa mesmo, tá? Desculpa. Por favor, desculpa mesmo...

Eles me fizeram ir até a moita e recuperar a parafernália, que incluía a ponta meio fumada, ainda soltando fumaça. Previsivelmente, fui preso por uma quantidade que equivalia a umas cinco libras. Estava longe de ser o crime do século. Os policiais não estavam exatamente desmascarando um grande esquema internacional de tráfico. Em qualquer outro momento, acho que eles teriam nos dado uma bela bronca e nos mandado para casa. Mas a policial estava em treinamento, e o homem a estava ensinando a fazer tudo como manda o roteiro. Então fui enfiado na parte de trás de um camburão e as portas bateram atrás de mim.

Fui pego em flagrante. Mas as consequências desse mais recente problema com a lei poderiam ter sido muito piores. Tenho certeza de que a Warner Brothers tinha bastante influência para abafar notícias de seu elenco se envolvendo em ações comprometedoras. Mas Draco preso por ser maconheiro teria sido uma difícil de evitar. Sentado no camburão, no entanto, eu não estava nem um pouco preocupado com isso. Não estava nem um pouco preocupado com nada, porque estava chapado pra caramba. Então me dei conta. Assim como quando fui pego na HMV, tinha uma coisa que poderia fazer esse triste episódio ficar muito pior. *Por favor*, pensei comigo mesmo, *por favor, não liguem para a minha mãe.*

Eles ligaram para a minha mãe.

Não há nada pior que ver a decepção nos olhos da sua mãe, especialmente quando eles estão cheios de lágrimas. Nós nos sentamos a uma mesa na pequena sala de interrogatório da polícia. Um oficial uniformizado entrou, me interrogou bem ao estilo de *Line of Duty*[*] e então me deu o pior sermão da minha vida. Tenho certeza de que eles estavam só tentando me assustar para que eu não fizesse aquilo de novo, mas é claro que, assim que a humilhação de ver o desapontamento nos olhos da minha mãe me deixou sóbrio, me perguntei: será que eles me reconheceram? Se reconheceram, foram profissionais o suficiente para não mencionar. Se não, fiquei grato, não pela primeira vez, por não ter o mesmo perfil que Daniel, Emma e Rupert. Fui mandado de volta para casa, com o rabo entre as pernas mais uma vez, me sentindo um idiota. Felizmente a Warner Brothers nunca ficou sabendo da minha aventura (ou, se souberam, não me contaram). Meus dias de Draco não tinham terminado.

---

[*] Série policial que acompanha a unidade anticorrupção da polícia britânica. [N. E.]

23.
O jeito Malfoy *ou* um abraço do Voldy

Já te apresentei a minha família trouxa. Mas uma das grandes vantagens de ser Draco era que isso significava que eu tinha uma segunda família: minha família bruxa de Comensais da Morte. Na história, é claro, não tinha como uma família ser mais tóxica que os Malfoy. Para entender o Draco, você precisa entender que ele cresceu com um pai abusivo. Ele nunca teve a chance de se tornar qualquer outra coisa que não o personagem desagradável que é, porque nunca conheceu nada diferente. Na vida real, no entanto, longe da história e das câmeras, minha família Malfoy se tornou quase tão próxima quanto minha família trouxa. Há uma razão para até hoje eu chamar Jason Isaacs, que interpretava Lúcio Malfoy, de pai.

A primeira vez que encontrei com Jason eu estava me borrando. Chris e eu o tínhamos visto em *O Patriota* e adorávamos quão diabólico o personagem dele era. Nossa primeira cena era do lado de fora da Borgin & Burkes, a loja de artes das trevas no Beco Diagonal. Isso foi quando estávamos fazendo o segundo filme, *Harry Potter e a Câmara Secreta*, e eu me lembro claramente desse homem amável e charmoso estendendo a mão para me cumprimentar e se apresentando como meu pai. Ele estava vestido de Lúcio Malfoy, é claro. No entanto, não emanava nada da maldade de Lúcio. Ele imediatamente agiu como um mentor para mim, se apresentando ao elenco e à produção comigo ao lado e me deixando completamente à vontade. E se ofereceu para me fazer uma xícara de chá e passar as falas. Então começou a contar algum caso que fez todo mundo ao redor rir desde o início. Enquanto eu relaxava na glória daquela narrativa, ouvi as palavras "Silêncio no set!". Eu sabia o que aquilo queria dizer, mas Jason continuou a história.

"Luz, câmera..." Respirei fundo. Aparentemente Jason não fez o mesmo.

"E... ação!"

Sem terminar a piada, ele se virou para olhar para mim como se me odiasse – de um jeito meio amável. Jason tinha desaparecido. Aquele era Lúcio... Havia algo bastante desconcertante em ver a personalidade de alguém mudar tão completa e repentinamente. Nem precisei atuar para parecer instantaneamente aterrorizado. Talvez a atitude dele tenha sido intencional, talvez não. De uma forma ou de outra, funcionou. Parte do figurino de Lúcio era uma bengala preta que tinha uma cobra com duas presas afiadas na ponta. Foi ideia de Jason que sua varinha ficasse escondida dentro da bengala. Quando ele sugeriu isso a Chris Columbus, Chris não gostou muito. Mas Jason insistiu: "Acho que seria uma ideia muito legal!". Ao que Columbus respondeu: "As pessoas do merchandising vão te adorar...". As presas na ponta da bengala eram bem mais afiadas do que qualquer um de nós imaginara. Naquela primeira cena, ele bateu na minha mão com elas. Eu segurei as lágrimas e consegui ignorar o dano físico e ficar no personagem até o fim da tomada, com Jason olhando para mim como se eu fosse um merda. Então ouvimos o "Corta!". Lúcio Malfoy desapareceu e Jason voltou, cheio de desculpas e preocupação. Seu "não toque em nada, Draco!" entredentes foi substituído por um sensível e preocupado "meu garoto, eu te machuquei? Você está bem?". Foi como se uma chave tivesse sido virada.

Até hoje ainda sinto arrepios quando me lembro das transformações de Jason. Quando ele era o Lúcio, eu nunca sabia muito bem o que esperar. De que ângulo iria me bater dessa vez? Como iria direcionar sua maldade? Do ponto de vista da interpretação, isso era um presente. A performance dele compreendia o Draco. Vê-lo me tratar daquele jeito me dava o direito de tratar todo mundo da mesma maneira, porque me ajudava a entender que a história de Draco tinha dois lados: ele era um valentão, claro, mas no fundo era um garotinho que morria de medo do pai.

Acabei aprendendo que a habilidade de Jason para virar a chave era única. Muitos dos atores adultos com quem eu trabalhara tinham pequenas rotinas ou exercícios vocais que usavam para sair de si mesmos e entrar no personagem, enquanto Jason aparentemente tinha a capacidade de se tornar Lúcio num estalar de dedos. Nunca conheci ninguém que fique tão confortável em um set de filmagem quanto ele. É quase como se tivesse nascido ali. Ele fala e inclui todo mundo, está sempre no meio de uma piada narrada perfeitamente. E, quando vem a chamada "Silêncio no set!" e todo mundo começa a se preparar para uma tomada, pode ter certeza de que Jason vai continuar o que estava fazendo, porque sabe que, assim que ouve a palavra "Ação!", consegue entrar no personagem sem hesitar. É impressionante de um jeito assustador.

Desde o dia um, Jason me tratou como um de seus colegas, como um igual, como alguém com quem gostava de conversar (se essa parte é verdade ou não, você vai ter de perguntar a ele). Quando eu era mais novo, ele sempre cuidava de mim no set. Conforme fui crescendo, começou a se interessar pela minha vida, pelas coisas de que eu gostava, minha música, meus hábitos (bons ou ruins) e minha carreira. Ele nunca julgava. Foi o primeiro adulto que conheci que falava abertamente sobre crescer na indústria do cinema – os altos e baixos e tudo que havia no caminho. Ele me aconselhava sobre como eu deveria me preparar para o futuro. E me disse que eu era um bom ator e não deveria desperdiçar aquela oportunidade. Fui pego meio de surpresa pelo encorajamento, mas foi gratificante receber aquele tipo de apoio, e também tranquilizador ter ao meu lado alguém tão generoso com seu tempo e sua energia. Se na minha carreira eu puder ser metade do que ele foi para mim no set, em presença e auxílio, vou considerar cada projeto um sucesso.

Eu já disse coisas boas o suficiente sobre Jason? Que bom. Porque tirávamos sarro um do outro tanto quanto aproveitávamos a companhia, e não posso deixar que ele escape só com os mais puros elogios. Ele me criou melhor que isso. Jason não é, digamos, totalmente desprovido das pequenas falhas de todo ator. Ele nunca teve nada de tímido ou reservado. E houve vezes, é claro, cercados como estávamos de tantas personalidades fortes do cinema, em que precisávamos trabalhar duro para que nossa presença fosse sentida.

Uma dessas ocasiões foi quando estávamos gravando a cena de abertura do último filme, em que Voldemort está sentado à ponta da mesa na Mansão Malfoy, cercado de seus Comensais da Morte e com Caridade Burbage flutuando no ar, prestes a ser assassinada. Aquela era uma grande cena para mim. Eu era o único jovem, cercado de tantos atores importantes e experientes. Um garoto da instituição Make-A-Wish visitou o set com a família antes de começarmos a gravar e, empolgado, entregou sua cópia do livro para Jason assinar. Jason abriu o exemplar na página da cena que estávamos gravando e descobriu que Lúcio, no original, tem bem mais a dizer do que estava escrito no roteiro. E Jason não era dado à falsa modéstia. Ele franziu o cenho. "Puta merda!", anunciou. "Eu falo isso no livro!" Ele levou o livro do garoto para David Yates, o diretor. "Tem essa fala aqui!", exclamou. "Acho que seria ótimo se eu a incluísse na cena, não?"

David não sabia ao certo se ele estava brincando. Eu até hoje não sei se ele estava brincando. De uma forma ou de outra, um olhar de paciência infinita passou pelo rosto de David. Não era a primeira vez que Jason tentava adaptar o roteiro para ter um pouco mais de tempo de tela. David adotou um tom de gratidão elegante. "Obrigado, Jason. Não, sério, obrigado. Que ideia *incrível*. Mas talvez a gente possa só fazer o que está no roteiro?" E um Jason envergonhado, que sabia muito bem que tinha sido educadamente rejeitado, devolveu o livro para o garoto, que deve ter pensado que sua preciosa cópia havia sido surrupiada de um jeito bem malfoyesco.

Piadas à parte, Jason se tornou um grande modelo para mim. Eu admirava suas habilidades de interpretação, é claro, mas também sua evidente devoção à sua família de verdade, e era muito grato pela amizade que ele me oferecia. Nos anos desde que Potter terminou, falei mais com ele do que com qualquer outro colega dos filmes. Um de meus objetivos é seguir os seus passos – mas não se atreva a contar para ele que eu disse isso.

Embora Jason me deixasse muito à vontade no set, outro ator fazia exatamente o oposto. Não importava com quantos atores lendários eu já tivesse trabalhado, ninguém tinha uma presença como a de Ralph Fiennes. Não que ele fosse tão assustador quanto o próprio Voldemort – o rosto dele estava sempre coberto de pontos verdes para que a equipe de efeitos visuais pudesse remover o nariz (spoiler: ele tem nariz na vida real). E, não vou mentir, era divertido ver Voldemort sentado em sua cadeira, com suas vestes verdes, segurando uma xícara de chá em uma mão e um jornal na outra. Mas, quando filmávamos, ele tinha uma presença grandiosa. Não era como nós, crianças, governadas pelo apito de Carreras. Nem como Jason, animado e contando piadas. Nem como Robbie Coltrane, brincando e fazendo bagunça com as crianças, bem ao estilo Hagrid. Ele tinha uma alteridade que o separava de todo mundo no set.

Eu me vi na mira dos métodos peculiares de Ralph quando gravamos a cena final da Batalha de Hogwarts. Passamos semanas fazendo a marcação de cena sem nenhuma câmera rodando, todos com o figurino completo. Nunca estive por tanto tempo em um único set. Era uma cena tão importante que eles queriam gravá-la de todas as formas possíveis, para dar aos oito filmes o clímax que eles mereciam. Então houve várias tomadas que não entraram na versão final – inclusive um momento em que Draco joga para Harry a sua varinha para o duelo final com Voldemort. Imagine só! Tem um rolo de filme em algum lugar que mostra Draco salvando o dia, mas ninguém nunca vai vê-lo. Para mim, no entanto, o grande momento foi caminhar na direção de Voldemort por insistência do meu pai. Devo ter feito aquele trajeto umas trinta ou quarenta vezes. Em muitas das tomadas, fiz a mesma coisa: passei por Voldemort, mantendo distância, devagar, de cabeça baixa, levemente aterrorizado. Ralph olhava para mim de um jeito diferente a cada vez. Às vezes sorria. Às vezes não. Às vezes interrompia seu monólogo e me mandava voltar. Aquilo me deixava confuso – tínhamos cortado ou ainda estávamos gravando? Algumas vezes ele repetia falas que já tinha dito naquela mesma tomada, a cada vez de um jeito diferente.

No meio de uma tomada, conforme eu caminhava na direção dele pela enésima vez, ele ergueu os braços só um pouquinho. Foi um movimento muito sutil, mas suficiente para me fazer parar e pensar: ele está tentando me abraçar? Incerto, cambaleei na direção dele, com os braços abaixados. Ele pôs os braços em volta dos meus ombros e me deu talvez o abraço menos acolhedor da história do cinema. Até ali eu gelei. Um abraço de Voldemort era assustador para o Draco, e também era bem esquisito para o Tom. Senti um arrepio na hora, e a lembrança me dá arrepios ainda hoje.

Essa foi uma de cinquenta tomadas. Eu não fazia ideia de que seria usada até ver o filme pela primeira vez, na noite de estreia em Londres. A plateia estava completamente em silêncio. Havia algo tão perturbador naquele momento, algo tão errado em ver a demonstração de afeto torta de Voldemort, que pude sentir as pessoas ao meu redor prendendo a respiração, desconfortáveis. Foi maravilhoso! Depois fui para a estreia nos Estados Unidos. Eu esperava ansiosamente pela mesma reação. Vi quando me aproximei do bruxo das trevas mais sombrio de todos os tempos. Vi quando ele me deu o abraço superesquisito. Fiquei na expectativa. Esperei o silêncio de choque. Então ouvi toda a plateia cair na gargalhada. O público nos Estados Unidos achou aquilo absurdamente engraçado. Até hoje não faço a menor ideia do motivo. Mas adorei!

A já falecida Helen McCrory, que interpretou minha mãe, Narcisa Malfoy, se juntou a nós no sexto filme. Houve uma chance de que ela fosse interpretar Belatriz Lestrange originalmente, mas ela engravidou e decidiu não aceitar o papel e focar em ser mãe. Algumas pessoas poderiam ter achado intimidador se juntar a um grupo tão unido de Malfoys e Comensais da Morte variados, jogando com a tensão que havia entre Jason e Ralph nas telas. Mas nunca tive a impressão de que ela tenha ficado intimidada, nem por um momento. Ela era muito descolada para isso.

Helen era *naturalmente* descolada. Ficava lá sentada, tranquila, enrolando seus próprios cigarros com seda de alcaçuz e nunca sentindo a necessidade de atropelar a fala dos outros nem de falar só por falar. Ela podia parecer bastante rígida, como se fosse capaz de acabar com você na hora que quisesse, mas descobri que tinha um coração terno. Logo me vi à vontade o suficiente para fazer a ela todo tipo de pergunta sobre a vida, o amor e tudo mais, e ela sempre estava disponível para aconselhar, sem nunca me subestimar. A atuação dela era completamente diferente da de Jason ou Ralph. Quando ela entrava no personagem, não havia virada de chave como com Jason, nem silêncios longos e dramáticos como com Ralph. A transição quase não era perceptível, mas, quando ela se tornava Narcisa, havia algo nos seus olhos que dizia tudo que era preciso saber sobre a personagem: dava para sentir a frieza dos Malfoy, mas também uma natureza mais suave. Eu mal precisava olhar para ela e já entendia algo mais profundo sobre Draco.

Nunca ficamos sabendo por que ele tem tanto medo da ideia de matar Dumbledore, mas aqui vai a minha teoria. Se só pudéssemos ver a influência do pai de Draco, sua reação talvez não fizesse sentido. Mas também vemos a influência da mãe, Narcisa, a mulher que está preparada para mentir para Voldemort para salvar o filho. É essa influência que dá humanidade a Draco, e, se consegui capturar algo disso na minha atuação no sexto filme, foi em parte graças à interpretação excepcional de Helen. À sua maneira, ela moldou como ninguém o que eu estava fazendo.

Na cena do abraço de Voldemort, quando Draco não sabe muito bem se abandona os alunos de Hogwarts e se junta aos Comensais da

Morte, é a urgência do chamado do pai que desperta a atenção dele. E é a suavidade da mãe que o faz tomar a decisão. Foi a habilidade de Helen para extrair o lado mais terno da personalidade de Narcisa que deu a Draco o motivo para andar. Na arte, assim como na vida, foi difícil dizer não à minha mãe.

24.
Tudo passa *ou* a garota do Salão Principal

Eu gostaria de levar você de volta ao início deste livro. É meu último dia de gravação do meu primeiríssimo filme, *Os Pequeninos*, e estou sentado na cadeira de maquiagem para cortarem meu permanente laranja. De repente me dou conta de que o projeto acabou. A tristeza me atinge e começo a chorar. Culpo a moça da maquiagem, dizendo que ela me machucou com a tesoura, mas isso não é nem um pouco verdade. A verdade é que não gosto que as coisas acabem.

Mas tudo passa, como diria meu Beatle favorito.*

O último filme de Harry Potter foi um feito colossal, porque foram dois filmes gravados de uma vez, sem a usual pausa de seis meses que tivemos entre os anteriores. As gravações pareciam ser eternas. E eu não fiquei nem por um quarto do tempo que Daniel, Emma e Rupert ficaram, então, sabe-se lá como eles se sentiram em relação à maratona. Os últimos dias, no entanto, chegaram muito mais rápido do que eu gostaria. Tínhamos passado metade da nossa vida pensando que o final não estava nem perto, mas de repente ele chegou sorrateiro para todos nós. Ao mesmo tempo havia um alívio geral conforme a linha de chegada se aproximava. Mas alívio não é o mesmo que alegria, e, quando chegou o meu último dia no set, eu sabia o que esperar de mim. Já tinha passado por aquilo, afinal.

---

* Referência à canção "All Things Must Pass", do álbum homônimo de George Harrison, lançado em 1970. [N.T.]

Meu último dia foi de gravações com a segunda unidade. Gravamos Draco indo embora da batalha, correndo por uma ponte cheia de destroços, parando por um momento, olhando para trás, refletindo e então continuando a caminhar. Foi uma das muitas cenas que acabaram não entrando no filme. Quando chegou a hora de encerrar, fiz um esforço supremo para segurar a emoção. Apertei a mão da equipe e murmurei um tchau bem britânico para algumas pessoas. Então fui embora.

Assim que entrei no carro, caí no choro. As lágrimas não paravam, mas fiz o melhor que pude para escondê-las de Jimmy, o motorista. Desta vez não tinha ninguém que eu pudesse culpar, então só deixei as lágrimas correrem. Sempre que alguém me pergunta sobre aquele dia, espera ouvir sobre despedidas carinhosas de Daniel, Emma, Rupert e o restante do elenco. Mas nenhum deles estava lá no meu último dia, e, de qualquer modo, alguns de meus amigos mais próximos eram das equipes de câmeras, efeitos especiais ou cabelo e maquiagem. Eles tinham sido uma parte importante da minha vida por muito tempo, e eu estava tão triste por deixá-los quanto estava por deixar qualquer um dos atores. Era um pensamento melancólico saber que eu não veria mais muitas daquelas pessoas com frequência, ou até nunca mais, não por escolha, mas pela vida seguindo seu caminho.

Eu havia tido outras experiências como ator fora de Harry Potter. Entre o quinto e o sexto filmes, aceitei um papel em uma produção chamada *The Disappeared*. Era um filme de baixo orçamento, que também contava com Georgina no elenco, companheira de Rupert Grint, e foi gravado principalmente nas cavernas subterrâneas abaixo de Londres. Não poderia ter sido uma experiência mais diferente do mundo bruxo. Do ponto de vista da atuação, foi mais desafiadora. Muito de Harry Potter dependia dos figurinos e dos cenários. Se você aparecesse vestido a caráter, já era metade do trabalho. Mas ali eu me vi precisando cavar um pouco mais fundo na minha interpretação de um cara que tem um amigo cujo irmão está desaparecido e que acaba tendo o pescoço quebrado por um padre maníaco (minha mãe gostou disso quase tanto quanto gostou do assustador Tom de borracha). E foi diferente em termos de escala. Eu estava acostumado a passar quatro horas só fazendo a marcação de cena, cercado de uma equipe enorme e toda a parafernália de um set de filmagem de alto orçamento. E agora estava em um parquinho público em Elephant and Castle* no meio da noite, com alguém não muito mais velho que eu operando a câmera, sem tempo de ensaio, porque estávamos inevitavelmente atrasados desde que pisamos no set. Pela primeira vez me vi cercado de atores que tinham acabado de terminar o curso de teatro, em vez de grandes estrelas, em um ambiente que envolvia muita improvisação. Em Harry Potter, o roteiro era tão rigidamente controlado que praticamente não havia margem para improvisar, não importava o quanto Jason Isaacs se esforçasse para incluir novas falas. Eu estava aprendendo que, em outros projetos, os diálogos e o desenvolvimento dos personagens estavam abertos a discussão de um modo muito mais colaborativo. Foi uma grande curva de aprendizado para mim.

Pela primeira vez, também, pude ir dirigindo para o set. Eu precisava chegar lá sozinho e entender as coisas sozinho. Então, enquanto *The Disappeared* foi, sem dúvida, importante para expandir meus horizontes como ator, também foi, de alguma forma, muito mais importante para o meu desenvolvimento como uma pessoa normal.

Para mim, conseguir me misturar sempre pareceu melhor do que ser reconhecido. Nesse sentido, tive sorte. Eu tinha conseguido evitar que Harry Potter fosse a parte mais proeminente da minha vida. Muitas outras coisas eram mais importantes para mim: pescaria, música, carros, sair com meus amigos. Harry Potter era o quarto ou quinto item na lista de prioridades. Imagino que tenha sido muito mais difícil para Daniel, Emma e Rupert. Harry Potter era o foco principal da vida deles, enquanto, para mim, atuar nos filmes era só mais uma coisa que eu fazia.

---

* Bairro de Londres com alta taxa de criminalidade, mas que nos últimos anos vem sofrendo uma revitalização por parte da prefeitura. [N. E.]

As pessoas podem achar difícil de acreditar, mas é verdade. De maneira contraintuitiva, a atenção que atraí por causa do meu envolvimento em Harry Potter aumentou absurdamente desde que os filmes acabaram. Na época eu conseguia tranquilamente andar na rua, mesmo com meu cabelo platinado, sem ser reconhecido, sem que alguém gritasse meu nome. Hoje em dia é mais difícil. A cada ano que passa, Harry Potter parece ficar ainda mais popular. É difícil identificar por que isso aconteceria. Acredito que seja principalmente por conta do brilhantismo das histórias originais. Diferentemente de muitas das histórias infantis escritas por volta da mesma época, os livros e filmes de Harry Potter estão sendo passados de geração em geração. Eles são um dos poucos marcos que conectam pessoas de 13 anos a pessoas de 30. Isso significa que há um efeito bola de neve conforme mais e mais pessoas são atraídas para o mundo bruxo. Se alguém tivesse me dito, enquanto gravávamos os filmes, que em alguns anos haveria um parque temático de Harry Potter e que eu cortaria a fita vermelha da nossa própria seção do Universal Studios, eu teria rido na cara da pessoa.

Então, embora inevitavelmente tenha havido alguma tristeza quando o último filme acabou, eu também consegui aproveitar o alívio. Pude desfrutar do fato de não precisar ficar toda semana sentado na cadeira de maquiagem com papel-alumínio no cabelo. Pude voltar a me concentrar apenas na parte comum da minha vida. Embora eu tivesse recebido palavras de encorajamento de pessoas como Michael Gambon, Alan Rickman e Jason Isaacs, não estava particularmente focado em desenvolver minha carreira de ator. Não estava em busca de uma grande fama ou um sucesso absurdo. Não via objetivo nisso. Eu tinha 22 anos e estava feliz com minha vida trouxa. Estava feliz de voltar para minha vida civil, com meus amigos, meu cachorro e minha namorada.

A primeira vez que reparei nela, eu tinha 17 anos, mais ou menos na época do quarto filme, no Salão Principal. Havia mais de uma centena de figurantes que víamos no set com frequência, e naquele dia ela era um deles: uma grifinerd, sinto dizer. Havia uma regra que dizia que, se você fosse um aluno no Salão Principal, não podia usar maquiagem. Não era uma regra que ela respeitasse. Tinha mais ou menos a mesma idade que eu, pele brilhante e bronzeada e cílios longos e bem pretos. Era completamente linda. Sei que não fui o único que virou o pescoço para olhar.

Depois fiquei sabendo que ela era assistente de coordenação dos dublês. Ela se destacava por diversas razões, mas principalmente por ser muito pequena em meio àqueles dublês grandes e parrudos. Um dia eu estava no escritório dos segundos assistentes de direção. A garota linda do Salão Principal estava lá com uma lista de chamada, ajudando a organizar a agenda dos dublês para aquele dia, e começamos a conversar. Perguntei se ela queria tomar um chá e fumar um cigarro, e ela respondeu: "Claro, por que não?". Então preparei duas canecas para nós, descemos as escadas e fomos até o Portão 5 com nossas bebidas e meu maço de Benson & Hedges Gold. Eu fumava demais naquela época, mais para ter o que fazer com as mãos do que por qualquer outro motivo. Ofereci um cigarro, sem saber ainda que ela não fumava. Ela aceitou. Ficou meio vesga enquanto olhava para ele, e acho que conseguiu dar duas tragadas antes de começar a tossir violentamente.

"Você não fuma, né?", perguntei.

"Fumo. É só... que esse é meio forte pra mim."

Continuamos ali conversando, e alguns membros da produção passaram pelo Portão 5. Era um lugar movimentado. Um dos caras do departamento de objetos cenográficos se aproximou. Eu o conhecia bem, conversávamos com frequência, mas vergonhosamente tinha esquecido o nome dele e era tarde demais para perguntar. "E aí, Tom?", ele falou, animado.

"E aí, cara?", respondi. Dei meu melhor sorriso e conversamos um pouco. Quando ele passou pelo portão e desapareceu lá dentro, me virei para ela e decidi confessar: "Caramba, não acredito!".

"O que foi?"

"A gente trabalha junto há anos, eu conheço o cara, conversamos sobre a família dele... mas nem sei o nome dele!"

Ela não sorriu. Mal reagiu. Só me lançou um olhar frio e disse: "Você também não sabe o meu nome, sabe?".

Pânico. Ela estava certa. Congelei por um momento. Então fiz aquela coisa de estalar os dedos que fazemos quando fingimos que uma informação está na ponta da língua. Ela deixou eu me contorcer por um momento – mais que um momento – e então me salvou: "Meu nome é Jade".

Aquela era a Jade, em poucas palavras. Afiada, inteligente e sincerona. Alguém que ia direto ao ponto. Ficamos bem próximos em pouco tempo. Jade era enérgica. Tinha que se impor com os dublês, que, sem querer generalizar demais, eram os tiozões do set. Ela escapava para o meu trailer quando tinha tempo para um chá, e uma vez precisou lidar com todos os dublês invadindo o trailer e fingindo me dar uma surra e destruir o lugar só para deixá-la com vergonha. Quase me surpreendi quando, um dia, perguntei: "Estamos namorando?". Ela sorriu. Eu sorri de volta, um sorrisão.

No nosso primeiro encontro de verdade, fomos ao Zoológico de Londres. Fui buscá-la na casa dos pais em um BMW M6 vermelho novinho. O pai dela – que eu acabei chamando carinhosamente de Stevie G – tinha o mesmo carro, mas na versão um pouco mais dócil. Era parecido, mas não tinha muita coisa debaixo do capô. O meu era bem mais chamativo. O pai da Jade abriu a porta e encontrou um rapaz de cabelo platinado e um carro poderoso demais para qualquer pessoa de dezenove anos, pronto para levar sua filha única para passar o dia em Londres. Ele estaria no direito dele se tivesse me feito um interrogatório rigoroso, ou no mínimo me observado com desconfiança. Mas, como logo descobri, ele tinha o coração bom demais para isso, e levou numa boa, sem julgamentos, minha ostentação adolescente. Qualquer outra pessoa teria achado que eu parecia um completo idiota. Olhando para trás, até eu acho que parecia um completo idiota. Jade e eu andamos de mãos dadas pela primeira vez no zoológico e fumamos uns cigarros mais toleráveis, de menta. E, embora meu cabelo platinado fosse totalmente Draco, ninguém nos parou nem pareceu reparar em nós. Ou, mais provavelmente, eu não reparei em mais ninguém.

Dali em diante, as coisas foram rápidas. Alguns meses depois, eu a levei a Veneza para seu aniversário de dezenove anos (por milagre, Stevie G aprovou a ideia). Decisão ruim, Tom. A ideia inteligente teria sido começar de baixo e ir subindo. Depois que você faz uma reserva em um hotel ridiculamente chique na cidade mais romântica do mundo, não dá para melhorar muito. Mas acho que eu estava tentando impressioná-la. Fomos ao Harry's Bar, um dos restaurantes mais esnobes do mundo, duas crianças cercadas de adultos ricos. Depois de alguns Bellinis demais, o garçom precisou educadamente me pedir que falasse mais baixo. Nós nos divertimos bastante.

Anos depois, quando Harry Potter terminou e eu chorei tudo que tinha para chorar, viajamos de férias para a Itália mais uma vez para celebrar nosso tempo nos filmes. Eu tinha raspado meu cabelo loiro e estávamos tranquilos comemorando o final da maratona Harry Potter. Eu não tinha planos para o futuro. Certamente não esperava voltar a um set de filmagem tão cedo. Então, quando minha agência me ligou na Itália para dizer que eu tinha recebido a oferta de um papel em um filme grande, fiquei surpreso. O filme se chamava *Planeta dos Macacos: A Origem*, e significava pegar um avião para Vancouver na semana seguinte.

Até hoje, não sei como nem por que eles me escolheram, entre tantas pessoas que poderiam ter interpretado aquele papel. Eu tinha bastante consciência, mesmo naquela época, de que meus dez anos de trabalho em Harry Potter se deviam principalmente ao fato de eu ter aparecido para um teste aos 12 anos. Se eu não tivesse ido, outra pessoa teria sido tão bem-sucedida no papel quanto eu. Mas isso era diferente. Era um filme enorme de Hollywood, com James Franco e Andy Serkis, e com um orçamento de centenas de milhões de dólares, para os quais os produtores poderiam basicamente escolher qualquer ator no mundo. E tinham me escolhido sem sequer me chamar para um teste? Não dava para entender, mas não pude evitar achar superlegal. Foi o momento em que considerei, pela primeira vez, meu futuro como ator. E ele pareceu até promissor.

Planeta dos Macacos: A Origem foi o primeiro projeto em que me envolvi que deixou meu pai animado. Ele era fã da versão original com Charlton Heston, que eu nunca tinha visto. Na época eu nem sabia que uma das minhas falas já era infame: "Tira essas patas imundas de mim, seu chimpanzé sujo". Tudo que eu sabia era que parecia uma aventura totalmente nova, e aceitei a oferta com gratidão.

Harry Potter tinha sido substancial como produção cinematográfica, é claro, mas ainda havia alguma coisa humilde e britânica nos simples e velhos estúdios Leavesden, em pegar um pouco de ar fresco nos arredores do Portão 5. Em um grande filme de Hollywood, tudo é maior e melhor. O serviço de *catering*, por exemplo. Eu me vi no set em Vancouver com alguém me perguntando se eu queria alguma coisa do "crafty".

"O que é isso?", perguntei.

"Serviço de craft", a pessoa respondeu.

"O que é isso?", repeti.

Fui levado a um enorme food truck que poderia me servir *qualquer coisa* que eu quisesse comer ou beber, *sempre* que quisesse. Biscoitos, sanduíches, batatinhas, qualquer coisa. Quer tomar sorvete às duas da manhã? Sem problemas, de que sabor? Algo como meu sósia Macaulay Culkin pedindo serviço de quarto em *Esqueceram de Mim 2*.

E essa, aparentemente, seria a minha vida. Uma vida de sorvete grátis de madrugada. Uma vida em que, apenas com a formalidade de uma ligação da minha agência, eu seria lançado de um importante set de filmagem para outro. Pensei: *É isso. É isso o que vai ser o meu futuro.*

Mas acontece que eu estava errado.

25.
Além da magia *ou* sozinho na Lalalândia

Planeta dos Macacos: A Origem foi uma experiência única. Foi a primeira vez que me ofereceram um papel grande sem precisar de teste, e isso não aconteceria de novo por muito tempo. Uma tacada de sorte que não se repetiria no futuro próximo.

Se dependesse só de mim, poderia muito bem ter sido meu último filme. Eu não tinha a determinação necessária para me impor e atingir o potencial que, de acordo com Jason e os outros, eu havia mostrado mais para o final do projeto Harry Potter. Até me peguei pensando se não seria mais feliz caso desistisse de atuar e me tornasse um pescador profissional. Jade, felizmente, tinha outros planos para mim. Se não fosse pelo seu encorajamento, eu não teria uma carreira agora. Quando ficou claro que eu precisaria me jogar de volta no mundo dos testes, montamos um equipamento com uma câmera móvel (isso foi antes do iPhone, pessoal) e, onde quer que estivéssemos, ela treinava as falas comigo – algo crucial, porque, sem alguém para ler com você, é como se estivesse jogando uma bola de tênis contra a parede. Com o incentivo dela, gravamos inúmeros vídeos de teste, para as quais a taxa de sucesso era de um em cem. Enquanto isso, um antigo colega de escola me descolou um papel em uma minissérie filmada na Cidade do Cabo chamada *Labyrinth*, uma fantasia histórica com John Hurt e Sebastian Stan.

Eu fazia o papel do visconde Trencavel. O personagem não poderia ser mais diferente de Draco Malfoy. Exigia uma peruca coração-valentesca (felizmente eu estava familiarizado com penteados esquisitos), uma cota de malha e, como parte da performance, uma grande entrada num castelo para fazer um discurso heroico em frente a uma multidão. Na verdade havia dois discursos heroicos nesse filme, e a perspectiva de fazê-los me aterrorizava. Eu conhecia Draco tão bem que sabia como ele reagiria em qualquer tipo de cenário em que me jogassem. Criar algo do zero, sem conhecer ninguém do elenco ou da produção com antecedência, era assustador. E, embora estivesse acostumado a produções de certa escala, não estava mais na zona de conforto dos estúdios Leavesden, do meu trailer e do Portão 5. Quando cheguei ao set, tive uma conversa muito séria comigo mesmo. "Você consegue, Tom. Relaxe." Encontrei o diretor pela primeira vez no set naquela manhã e duas horas depois estava atravessando a passos largos uma multidão de figurantes em cotas de malha, pronto para entregar meu primeiro monólogo.

A questão com os figurantes é: alguns deles estão envolvidos e alguns deles não estão. Alguns mantêm o foco, outros têm dificuldade para esconder o tédio. Então, quando parei na frente deles na minha primeira tomada, pronto para fazer meu discurso e me borrando de leve, eu vi, me olhando de volta, um mar de rostos concentrados, exceto um. Esse rosto se destacou: um adolescente, mais novo que o restante deles, com uma expressão que me lembrou de mim mesmo no passado. Ele me olhava com completo desdém draquesco, exatamente como eu teria feito. Quase conseguia ouvir o pensamento dele: *Ah, é? O cara da peruquinha vai subir lá e arrotar um monte de vossos e vossas? Que fracassado!*

Ele não sabia, mas havia alcançado todas as inseguranças que eu estava sentindo. Então tomei uma decisão no ato: ia dirigir meu monólogo diretamente a ele. Em vez de passar os olhos pela multidão, estava totalmente focado nele. E ia seguir o exemplo de Ralph Fiennes e deixar o silêncio falar por mim. Eu o encarei. Deixei o constrangimento se acumular. Vi que ele olhava de um lado para o outro, claramente se perguntando: *Ele está olhando para mim?* Gradualmente, pude sentir que ele e o resto do elenco estavam me levando a sério.

Então, extraindo um pouco de confiança da situação, fiz meu discurso emocionado da melhor maneira que pude. Se foi bom ou não, cabe a outras pessoas dizer, mas, com o benefício do retrospecto, agradeço àquele jovem figurante convencido. Ele me deu o combustível de que eu precisava e o ímpeto de pôr em ação as lições que havia aprendido ao longo dos anos com atores muito mais velhos sobre como manter a atenção de alguém.

Meu segundo monólogo emocionado foi um pouco menos bem-sucedido. Antes de me oferecer o papel, a produção havia cumprido o procedimento-padrão de verificar várias questões logísticas comigo pelo telefone. Está disponível nestas datas? Seu passaporte está válido? Você tem habilitação? Você aprende, como ator, que a resposta correta para todas essas questões pré-gravação é: sim. Você fala suaíli? Fluentemente! Consegue fazer um sotaque francês? *Mais oui, monsieur*! Então, quando a produção perguntou se eu sabia montar a cavalo, naturalmente dei a eles a resposta que queriam ouvir. Cara, eu praticamente nasci numa sela!

Não era uma mentira completa. Durante a infância, nosso vizinho tinha cavalos, e, quando eu era pequeno, ocasionalmente era levado para um passeio tranquilo a cavalo. Mas na verdade eu tinha bastante medo de cavalos, e aqueles passeios da infância eram muito diferentes do que era esperado de mim nessa ocasião. Eu deveria ir e voltar trotando por uma fila de uma centena de cavaleiros, todos em cotas de malha e segurando espadas e escudos, enquanto declamava heroicamente. No clímax do meu discurso, era para afundar o calcanhar no flanco do garanhão e sair galopando, liderando meu exército para a batalha.

O cavalo tinha outros planos. Na minha primeira tomada, conforme atingia o momento crítico, soltando meu grito de guerra, a espada em riste, prestes a liderar meu poderoso exército para a glória, eu o incitei com os calcanhares de maneira heroica. Os figurantes rugiram, prontos para seguir seu destemido líder para a morte ou a glória. O cavalo, no entanto, não achou meu discurso tão inspirador. Demonstrou tanto interesse em galopar para a batalha quanto o figurante adolescente tinha demonstrado no meu primeiro dia no set. Então tentamos de novo. "Pela honra! Pela família! Pela liberdade!" Pela puta que pariu… o cavalo mal conseguia se forçar a trotar. Vi o diretor e o produtor atrás do monitor sacudindo a cabeça. Aquilo claramente parecia ridículo. Precisávamos de uma solução.

A treinadora do cavalo no set era uma mulher pequena, e meu personagem usava uma enorme capa snapesca. A treinadora se sentou atrás de mim no cavalo, coberta pela minha capa curiosamente bojuda, segurando na minha cintura. O cavalo tinha muito mais respeito por ela do que por mim. Quando chegou a hora, ela tocou gentilmente o flanco do animal e minha poderosa montaria correu furiosamente. Foi completamente aterrorizante. Segurei as rédeas desesperadamente e, com os olhos arregalados e o rosto pálido, fiz o possível para não cair enquanto ele galopava para a batalha. Minha expressão, notei quando vi a gravação, era de completo terror. Não fiquei surpreso que aquele momento não tenha entrado no corte final.

Aquele não foi meu último momento infeliz em cima de um cavalo. Em 2016, Kevin Reynolds, que anteriormente havia dirigido *Robin Hood: O Príncipe dos Ladrões* e era um dos meus diretores favoritos, me convidou para participar do drama bíblico *Ressurreição*. Eu interpretaria um soldado romano ao lado de Joseph Fiennes, irmão de Ralph, que se tornou um grande mentor para mim. Uma cena muito importante logo no início envolvia ele e eu indo a cavalo, através de uma multidão de figurantes, todos atirando pedras de papel machê em nós, até a crucificação. Ali, o personagem de Joseph teria uma conversa com Jesus, enquanto eu ficava ao lado, sentado silenciosamente no cavalo.

Os cavalos haviam ensaiado a cena por horas sem a gente. Mas eles não sabiam que as pedras eram de papel machê e estavam compreensivelmente inquietos. O que meu cavalo sabia com certeza, no entanto, era que a tábua em cima dele – eu – não era nenhum jóquei. Enquanto Joseph Fiennes entregava sua performance fantástica, meu corcel se recusava a ficar parado. Ele se virava para um lado e para o outro, ia em direção à multidão e se afastava dela. Fui completamente incapaz de controlar o maldito. Ouvi Kevin gritar: "Corta! Que *diabos* está acontecendo aqui?". Pedi desculpas timidamente e no final precisamos fantasiar um dos treinadores de soldado romano para que ele pudesse manter o cavalo parado enquanto eu me sentava envergonhado na sela.

Foi a última vez que tentei montar a cavalo em frente às câmeras.

Quando criança, eu havia feito testes para uma centena de projetos diferentes antes de Harry Potter aparecer. Tinha ficado bem acostumado a ouvir "não" na época. Agora, ia precisar me acostumar de novo. Participava de testes semana sim, semana não, e era rejeitado quase com a mesma frequência. Estava ciente, é claro, de que algumas pessoas ficavam surpresas com o fato de eu precisar fazer testes, mas na verdade não passou pela minha cabeça que me ofereceriam alguma coisa. Não era como se eu tivesse um portfólio diversificado. Parecia loucura para mim, agora que estava diante da perspectiva de desenvolver uma carreira de ator, que tivessem me dado o papel em *Planeta dos Macacos: A Origem* sem ninguém nem verificar meu sotaque americano. Parecia mais normal estar no lado mais difícil da vida de ator.

De novo, se tivesse dependido de mim, eu poderia ter permanecido naquele limbo. Mas Jade era uma força da natureza, e Alan Radcliffe tinha me dado um bom conselho: encontre um bom agente, vá para Los Angeles e se coloque em quantas salas for possível. E foi isso que eu fiz.

Alguém me disse uma vez que Nova York tem quatro vezes mais trabalho para um ator que Londres, e LA tem quatro vezes mais trabalho que Nova York. Faça as contas e será fácil entender por que tantos milhares de atores do mundo inteiro vão para Hollywood. LA é uma cidade de contradições: cheia de sucesso e fracasso, riqueza e pobreza – é empolgante e assustadora na mesma medida. Naqueles primeiros dias, vi todos os lados de LA. Eu ficava em algum hotel meia-boca de Hollywood por duas semanas de cada vez, tentava ler três roteiros por dia e me encontrar com tantas pessoas da indústria quanto possível.

Algumas portas se abriram para mim. Uma agência de LA me aceitou como cliente. Eles me levaram para almoçar no Beverly Wilshire Hotel e me disseram com muito orgulho que era ali que o filme *Uma Linda Mulher* tinha sido filmado. Assenti educadamente, mas não disse a eles que nunca tinha visto *Uma Linda Mulher*. Eu me senti deslocado, um garoto de Surrey sendo paparicado em um dos lugares mais exclusivos e elegantes de Hollywood. Cá entre nós, teria preferido uma porção de nuggets. De volta ao escritório, me vi sentado diante de seis pessoas que tinham um brilho de ansiedade e entusiasmo nos olhos, me dizendo que eu seria uma Grande Estrela e que sabiam exatamente como me fazer chegar lá. A cada dois minutos uma pessoa nova aparecia, me dava um aperto de mão e me dizia que era uma grande fã e estava muito animada com a possibilidade de eu me tornar parte da equipe deles. Eu pensei: *Ótimo! Um pouco estranho, mas eu poderia me acostumar com isso.*

Outras portas eram mais difíceis de cruzar. Meu primeiro teste em LA foi para o papel de um professor em um piloto de série de TV. Eu não sabia na época, mas eles fazem milhares de pilotos em Hollywood, para várias séries, a maioria das quais nunca chega a ser produzida. Eles são os guardanapos descartáveis da indústria cinematográfica. Eu não entendia isso. Para mim, tudo tinha o potencial para ser um novo Harry Potter. Então, quando cheguei no estúdio para o teste, não estava preparado para o que me aguardava. Não importava que um cartaz enorme de Harry Potter estivesse pendurado atrás da mesa da segurança, ainda tive dificuldade para explicar quem eu era e por que estava lá e ter acesso ao estúdio. Quando cheguei à sala de teste, ficou claro que eu era um entre incontáveis esperançosos. Pediram que me sentasse com pelo menos uma dúzia de outros e esperasse que três ou quatro pessoas fizessem o teste antes de mim. Dava para ouvir tudo que estava acontecendo dentro da sala – o que não é a norma no Reino Unido –, e isso não ajudou em nada minha ansiedade. Chegou a minha vez. Entrei na sala de teste e vi seis pessoas sentadas em uma fileira, parecendo entediadas e desinteressadas. Se me reconheceram, com certeza não demonstraram. Dei o meu melhor sorriso e disse: "Oi! Sou o Tom, da Inglaterra!".

Eles não disseram nada. Fui apertando as mãos de todos na fileira, mas, quando cheguei ao terceiro ou quarto, comecei a suspeitar de que aquele não era exatamente um momento para apertos de mão. Um deles confirmou minhas suspeitas dizendo: "Você poderia ficar na marcação em x e dizer suas falas?".

Olhei por sobre o ombro e vi um x marcado em fita adesiva no chão. "Perdão." Fui para o meu lugar. Enquanto estava lá, eles mal pareciam registrar a minha presença na sala. A realidade da situação me atingiu. Eles estavam sentados ali havia horas. Tinham ouvido a cena de todas as maneiras possíveis. Era para um personagem sem importância e eles não sabiam ou não se importavam com o que eu tinha interpretado antes. Ao contrário, não viam a hora de se livrar de mim.

Quando a ficha caiu, virei uma pilha de nervos. O teste era para o papel de um personagem nervoso, mas não acho que isso tenha ajudado em nada. Gaguejei minhas falas com um sotaque americano bastante surpreendente – uma frase do Texas, uma de New Orleans, outra do Brooklyn –, às vezes me repetindo para garantir que tivesse dito a fala correta. Eu estava passando vergonha, e eles, mais ainda por mim. Na metade, três deles já estavam mexendo no celular. Nunca é um bom sinal.

Foi meu primeiro teste desastroso em LA. Não seria o último (perdão mais uma vez, Sir Anthony...). Eu gostaria de dizer que vai ficando mais fácil. Sinceramente, não vai. Mas desenvolvi uma espécie de vício estranho no processo. Antes de cada teste, enquanto esperava do lado de fora da sala, meu cérebro nervoso tentava enumerar todas as razões pelas quais eu realmente não precisava estar ali, pelas quais deveria simplesmente ir embora. Mas, depois, o alívio de ter feito o teste era inigualável. Não importava quão bom ou ruim tivesse sido, a descarga de adrenalina me dava um barato único. Posso ter voltado à estaca zero do mundo da atuação, mas pelo menos estava curtindo o processo.

Los Angeles pode ser um lugar solitário, especialmente no início. Poucas experiências são tão confusas quanto estar em uma cidade louca sozinho, tentando compreender tudo. Cada vez que eu voltava, no entanto, descobria que conhecia algumas pessoas a mais. Quanto mais pessoas eu conhecia, mais amigável o lugar se tornava. Quanto mais amigável se tornava, mais eu me sentia seduzido pelo clima, pelas atitudes positivas e pela qualidade de vida. Apesar de suas peculiaridades, ou talvez por causa delas, LA começou a me chamar. Jade e eu havíamos passado vários períodos curtos morando lá, e, quando surgiu a oportunidade de participar dos testes para uma nova série de TV criada por Stephen Bochco e que seria gravada em LA, chamada *Murder in the First*, eu me joguei. Gravamos incontáveis vídeos de teste na sala de estar dos pais da Jade em Londres (obrigado, Stevie G), e foram fases intermináveis até eu conseguir o papel. Mas no fim eles me disseram que eu tinha conseguido, então Jade e eu nos mudamos para LA com meu cachorro Timber.

E a vida era boa lá. Tudo era maior, mais bonito e melhor. Encontramos um bangalozinho de madeira em West Hollywood, pintado de branco, com um pequeno jardim e uma cerquinha de estacas. Gradualmente, conforme o trabalho começou a ficar mais intenso, a solidão excruciante de LA diminuiu e os prazeres de ser uma pessoa pública naquela cidade começaram a aparecer. Na Inglaterra, ninguém se importava se você era famoso. E, quando se importavam, normalmente apontavam e cochichavam para um amigo, ou no máximo vinham até você e perguntavam: "Vem cá, você é aquele cara bruxo? Sabe, aquele daquele filme?". Depois soltavam um comentário sarcástico, na maioria das vezes. Em LA, conforme meu rosto e meu nome começaram a ficar mais conhecidos, a frieza inicial desapareceu e de repente parecia que praticamente *todo mundo* se importava com a minha fama, de uma maneira que massageava meu ego como nunca havia acontecido antes. Desconhecidos efusivos diziam *amar* o meu trabalho. Meu *trabalho*? Até onde eu sabia, nunca tinha trabalhado de verdade na vida, não depois do estacionamento do pesqueiro em Surrey. Mas quem era eu para discutir, especialmente quando as pessoas começaram a me tratar como uma estrela de cinema de boa-fé? Eu nunca tinha passado por aquilo antes. Quando criança, ainda bem, tinha sido mantido rigidamente no meu lugar por três irmãos mais velhos. Na escola e fora dela, nunca permitiram que eu me sentisse diferente. Agora, todo mundo em LA tinha começado a me tratar como alguém que eu não era.

Começou com as roupas. As pessoas me davam roupas de estilistas. De graça? Sim, de graça. Maravilha. Depois passou para os carros. Conheci alguém responsável pela frota VIP da BMW. Eu nunca tinha me considerado um VIP, o que quer que isso quisesse dizer. De repente, aparentemente eu era um, e eles me emprestavam carros diferentes sempre que eu quisesse. Íamos a uma casa noturna com uma longa fila na frente, porque era *o lugar* para ser visto, e o cordão de veludo vermelho era imediatamente erguido para que nós passássemos sem ter de esperar, porque é isso que acontece quando você é uma "estrela de cinema". Passei a viver num mundo de oportunidades malucas, programas noturnos complexos e – não há maneira melhor de dizer isso – um monte de merda legal de graça. Eu gostava. A Jade gostava.

Quer dizer, quem não gostaria?

Se você disser muitas vezes a uma pessoa que ela é ótima, ela vai começar a acreditar. Se inflar o ego da pessoa o suficiente, mais cedo ou mais tarde ela vai se sentir importante. É quase inevitável. Eu aparecia na porta de algum restaurante chique novo em uma Lamborghini laranja brilhante que tinham me emprestado para usar naquela semana, e os garçons me levavam correndo para uma mesa exclusiva que eu só tinha conseguido reservar de última hora por causa do meu nome, enquanto *paparazzi* tiravam fotos da minha entrada incrivelmente sutil. O velho Tom ligaria na hora para o irmão contando quão louco aquilo era. Teria ficado se repreendendo constantemente, porque aquilo era *insano*! O novo Tom não fazia isso. O novo Tom fingia que era normal. É claro que você conseguiu uma mesa para mim nesse restaurante exclusivo com uma lista de espera tão longa quanto a ponte Golden Gate. *É claro*.

Eu agia da maneira que era tratado. Por um tempo foi muito divertido. Mas só por um tempo. O brilho logo começou a desaparecer.

Eu nunca soube que queria uma vida como aquela. E, conforme o tempo passava, uma verdade desconfortável surgia silenciosamente na minha frente. Eu *não* queria. Talvez isso soe ingrato. Eu estava em uma posição de sorte e privilégio. Mas tinha algo não autêntico naquela vida que eu estava levando. Percebi que, na maior parte das vezes, eu não *queria* ir àquela estreia, ou àquele restaurante chique, ou a qualquer que fosse a ilha caribenha que tínhamos reservado para nossa próxima folga. Estava com saudade da minha vida antiga. De pescar no lago com Chris. De assistir a *Beavis e Butt-Head* com Ash. De tocar com Jink. De fumar um baseado com meus amigos no banco do parque. Estava com saudade daqueles dias em que meu tempo livre podia ser gasto fazendo letras de rap em vez de ficar sendo vendido de um lado para o outro no circuito das celebridades. De ter uma conversa normal com um humano normal, que não soubesse quem eu era e não se importasse. Estava com saudade da minha mãe.

Eu deveria ter notado essas mudanças e feito alguma coisa. Deveria ter dado voz às minhas preocupações, se não para outra pessoa, ao menos para mim mesmo. Era minha decisão, afinal. Mas algo estranho tinha começado a acontecer. Em um ambiente em que as pessoas estavam desesperadas para fazer as coisas por mim, comecei a perder a capacidade de fazer e pensar coisas por mim mesmo. Deixando minha nova equipe em LA me encorajar em relação à minha carreira e me expor a esse novo estilo de vida de Hollywood, senti que tinha dado um passo além e terceirizado minha habilidade de tomar qualquer tipo de decisão ou de ter minhas próprias opiniões. Se as pessoas te lembram o tempo todo de quanta sorte você tem e de que uma determinada maneira de viver é legal, você começa a acreditar, mesmo que não seja o que sente lá no fundo. De repente, suas habilidades de crítica enfraquecem e você deixa de ser você mesmo. Pouco a pouco, deixei de ser eu mesmo.

Quanto mais imerso eu ficava na ilusão hollywoodiana, menos chance tinha de conhecer pessoas que não soubessem quem eu era e, mais especificamente, não se importassem. Todo dia eu me via tendo menos interações humanas genuínas com as pessoas. Sempre parecia haver uma opinião velada. Um subtexto. Uma intenção oculta. Eu não era eu mesmo. Por tanto tempo quanto me lembrava, havia imitado a fachada autodepreciativa do meu pai. Aquele senso de humor era intrínseco a mim, uma parte de quem eu era. Mas, na companhia daquelas pessoas em LA, não funcionava. Todo mundo se levava a sério demais. Todo mundo *me* levava a sério demais.

E talvez, sob a superfície, houvesse outras coisas em jogo. Minha família já tinha um histórico de questões de saúde mental. Ash havia sido internado quando jovem; Jink, já adulto. Eu tinha uma predisposição genética a esse tipo de problema. É fácil, para mim, pintar o retrato de um jovem corrompido por Hollywood, mas talvez fosse mais que isso. Não há dúvida de que LA me fez sentir especialmente solitário e dissociado de mim mesmo, sentimentos que, com certeza, poderiam ser gatilhos de problemas de saúde mental em qualquer pessoa. Talvez esses problemas sejam mais facilmente camuflados quando você está além do cordão de veludo vermelho ou ao volante da Lamborghini laranja brilhante.

Eu precisava fugir daquela versão de mim que estava me tornando. Precisava de contato humano com pessoas que não se importassem nem um pouco com o estilo de vida do tapete vermelho. Precisava do meu velho eu. Precisava de autenticidade.

E encontrei tudo isso em um bar chamado Barney's Beanery.

26.
A balada do Barney's Beanery *ou* se eu fosse um homem rico

Deixe-me contar a você sobre o Barney's Beanery.

Nada é velho em Los Angeles, mas, falando de bares, o Barney's é um dos mais antigos. É um boteco que carrega as cicatrizes de batalha dos últimos sessenta anos. Há uma placa dedicando a Jim Morrison, do The Doors, o assento em que ele costumava se sentar, e as paredes estão forradas de objetos de cada década a partir de 1960. A decoração registra a passagem do tempo como os anéis de um tronco de árvore. Talvez fosse por isso que eu gostava de lá. O Barney's já viu de tudo. Ele não se importa com quem você é.

E tampouco as pessoas que o frequentam: uma mistura multicolorida de gente que não dá a mínima, o mais longe possível das pessoas lindas do circuito de Hollywood que você poderia querer conhecer. Essa era a minha turma. Eu não tinha que fingir na frente dessas pessoas. Podia ser o brincalhão descontraído que meu pai havia me ensinado a ser.

Durante a segunda metade dos meus vinte anos, passei mais horas e mais noites no Barney's do que consigo me lembrar. Antes disso, eu não bebia muito. Uma taça de champanhe em um casamento, talvez, mas não mais que isso. No entanto, quando você passa muito tempo em botecos em busca de normalidade, isso inevitavelmente leva a grandes quantidades de bebida. Passei de alguém não particularmente interessado em beber a alguém que bebia regularmente algumas cervejas por dia antes mesmo que o sol se pusesse, cada uma acompanhada por uma dose de uísque.

Beber se torna um hábito nos melhores momentos. Quando você bebe para fugir de uma situação, mais ainda. O hábito saiu do bar e, de vez em quando, entrava no set. Chegou ao ponto em que eu não achava nada demais tomar um drinque enquanto estava trabalhando. Eu chegava despreparado, não o profissional que queria ser. O álcool, no entanto, não era o problema. Era o sintoma. O problema era mais profundo e me levava, quase todas as noites, ao Barney's. Eu me sentava no balcão, sempre com uma cerveja na minha frente, às vezes algo mais forte, e ficava trocando ideia com os clientes habituais. Enquanto a noite se tornava madrugada, eu passava o tempo bebendo, falando besteira e jogando *shuffleboard**. Dizia a mim mesmo que estava me divertindo, e em algum nível estava mesmo. Em outro nível, porém, estava me escondendo de alguma coisa. De mim mesmo, talvez, ou da situação na qual me encontrava. E o Barney's era um bom lugar para se esconder.

Fiz amizade com os bartenders – mulheres, em sua maioria. Aquelas moças tinham visto de tudo, eram duronas e não eram conhecidas pela atitude amigável. Depois de mais ou menos seis meses, elas amoleceram um pouco comigo e começamos a rir juntos. Tinham um senso de humor malicioso. Para mim, metade da graça de uma noite no Barney's era a perspectiva de passar tempo com elas enquanto zoávamos uns aos outros. E foi isso que fiz na noite anterior ao dia em que minha vida mudou para sempre.

Eu deveria passar aquela noite quietinho na cama, porque no dia seguinte tinha o que esperava que seria uma reunião importante no escritório dos meus empresários. Tinha sido marcada havia apenas 24 horas, mas eu sabia que era potencialmente uma grande oportunidade. Normalmente, se um membro da minha equipe tinha um roteiro que queria que eu considerasse, o enviava para que eu o lesse antes de conversarmos. Naquela ocasião, porém, meu empresário havia me

---

* Jogo similar à bocha. Consiste em, com o auxílio de um taco, jogar discos de maneira que eles parem dentro de um triângulo com pontos desenhados no chão. [N. E.]

chamado para ir ao escritório conversar sobre algo não revelado que eu não precisava ler com antecedência. Naturalmente, presumi que significava que um projeto grande estava na jogada. Fiquei empolgado.

Longe de ficar quietinho na cama, contudo, passei a noite inteira no Barney's. Não tinha dormido nada e estava num estado um pouco pior, tendo bebido talvez umas sete doses de uísque além da conta. Dei boa-noite para as garotas e disse que as veria no dia seguinte. Quando naquela manhã encostei a BMW no valet do lado de fora do escritório da minha agência, estava muito contente, especialmente com a perspectiva de receber uma boa oferta. O escritório ficava em um prédio de vidro em uma das partes mais caras de Los Angeles. Comecei o longo trajeto de elevador até o topo, ainda meio altinho por conta da noite anterior, e entrei na recepção. Cerca de dois minutos depois, meu empresário apareceu para me conduzir até a reunião.

Se eu detectei uma ligeira rispidez no comportamento dele, uma leve distância? Acho que talvez sim, mas estava ansioso para ouvir do que se tratava, então não prestei muita atenção.

Não dava para saber só de olhar para ele, mas aquele prédio já havia sido um banco. Não tinha nada dos gringotescos balcões escuros, livros de registro pesados ou balconistas empoeirados. Era iluminado e moderno. Mas havia uma porta de cofre circular grande e antiga, que levava a um escritório onde as reuniões especialmente importantes aconteciam. Senti um formigamento conforme meu empresário me conduzia até ela. Estávamos no cofre! É isso aí! As notícias têm que ser boas!

Entramos no escritório. Meu sangue congelou.

Não era uma sala enorme. De tamanho suficiente apenas para uma mesa de reunião, eu e as sete outras pessoas sentadas em silêncio em um círculo, aguardando. Jade estava lá, sentada ao lado de dois dos meus agentes. Meu advogado. Meus dois empresários. E um estranho grande, careca e assustador.

Ninguém disse nada. Eles me encaravam. Eu soube imediatamente que havia sido levado até ali sob um falso pretexto. Soube que não tinha nada a ver com algum trabalho espetacular que definiria minha carreira.

Exatamente o que queriam comigo, eu *não* sabia. Mas o olhar deles e a energia da sala me disseram que não era nada bom. Eu tinha ouvido falar de intervenções, quando amigos e familiares se reúnem para dizer a uma pessoa que ela está com problemas sérios, correndo risco de vida. Mas eu *não* estava com problemas sérios. Estava? Não podia ser isso. Podia?

Desabei no chão como uma toalha molhada. A sala parecia girar. Me vi chacoalhando a cabeça e murmurando: "Não consigo. Não *consigo*...". Ninguém falava nada. Continuavam olhando para mim daquele jeito sério e frio. Saí da sala tropeçando, meu coração acelerado. Eles me deixaram ir. Saí do prédio para tentar me acalmar com um cigarro, escoltado pelo estranho grande e careca, mas calma não era uma emoção que eu fosse capaz de sentir naquele momento. Uma sensação implacável e esmagadora de traição e violação queimava dentro de mim. Todo mundo na minha vida profissional e – o pior de tudo – a pessoa mais próxima de mim haviam conspirado para me levar até ali. Eu não tinha desconfiado de nada. Estava com raiva. Estava cansado. Verdade seja dita, estava com uma baita ressaca. Pensei em simplesmente sair correndo. Mas, por alguma razão, não fiz isso. Entrei novamente no prédio e na sala do cofre. Todos ainda estavam lá. Ainda me encaravam, de um modo que me deixou assustado e enfurecido. Eu me sentei, sem disposição – capacidade – para sustentar o olhar de ninguém. E então o careca grandão, a única pessoa na sala que eu não reconheci, assumiu a liderança.

Ele era um intervencionista profissional. O cara que chamam quando querem ter certeza do resultado de uma intervenção. Meus empresários o haviam contratado para que ele conduzisse o processo. Não é um serviço barato, e ele era bom no que fazia. Não havia nada que já não tivesse visto. Nenhuma reação que eu pudesse ter demonstrado que ele não tivesse previsto. Ele explicou que sabia que eu estava com raiva naquele momento, mas que um dia conseguiria perdoar as pessoas naquela sala pelo que haviam feito. Meu olhar dizia: "Vai se foder". O perdão não me parecia nada provável. Eu estava exausto. Com vertigem. De ressaca.

Tinha passado a noite no Barney's falando aberta e honestamente com meus conhecidos ali. Agora estava cercado pelos meus supostos amigos, que haviam mentido para mim, me levado a pensar que havia um novo trabalho para me emboscar ali. Eles eram dissimulados. Eu não conseguia entender por que, se estavam tão preocupados, não podiam simplesmente ter ido até minha casa e conversado comigo do jeito normal. Perdão? Foda-se o perdão. Eu estava muito longe do perdão.

Todo mundo naquela sala havia me escrito uma carta. Eles as leram em voz alta, uma após a outra. As cartas geralmente eram bem breves. A maioria delas parece ter sido extirpada da minha memória. Escutei Jade e os outros conforme me diziam como estavam preocupados com o meu comportamento, as minhas bebedeiras e o meu abuso de substâncias. Eu não estava em condições de ouvi-los. Na minha opinião, meus vícios correspondiam a não mais que algumas cervejas por dia, o ocasional uísque e talvez alguns baseados. Não era como se eu estivesse acordando com uma garrafa vazia de vodca na mão, rodeado por uma poça do meu próprio vômito. Eu não estava escondido numa cracolândia, fumando ópio, incapaz de trabalhar ou fora de controle. Quando Jade falou, lembro de ter pensado: *Você instigou isso só porque acha que não tenho sido o namorado perfeito?* Era mentira, claro. Na verdade, ela tinha ficado sabendo da intervenção apenas algumas horas antes. Mas minha raiva e frustração colocaram pensamentos na minha cabeça que não deveriam estar lá.

Uma carta, no entanto, me impactou demais. Foi escrita pela pessoa naquela sala que eu menos conhecia. Meu advogado, que eu mal via pessoalmente, falou com uma honestidade discreta. "Tom", ele disse, "não te conheço muito bem, mas você parece um cara legal. Tudo o que eu quero dizer é que esta é a décima sétima intervenção à qual compareço em minha carreira. Onze deles agora estão mortos. Não seja o décimo segundo."

Foram as palavras dele que atravessaram a raiva e a negação. E, embora eu ainda visse aquilo como um tremendo exagero diante de um problema inexistente, o discurso forte dele me fez abaixar a cabeça.

Estávamos ali havia duas horas. Todo mundo tinha dito o que queria dizer. Todo mundo estava esgotado. Ninguém mais que eu.

"O que vocês querem que eu faça?", implorei.

"Queremos que você faça um tratamento", o intervencionista disse.

"Reabilitação?"

"Reabilitação."

Uma coisa que você precisa saber sobre as clínicas de reabilitação californianas: elas são caras. Algumas podem custar até quarenta mil dólares por mês. Quarenta mil para ficar em uma clínica de reabilitação contra a minha vontade? Só pode ser a porra de uma brincadeira. A simples ideia já era um absurdo. Mas a intervenção tinha me deixado em choque. A pressão para fazer o que me diziam era imensa. "Tá bom", eu falei, petulante. "Eu vou para essa clinicazinha de reabilitação se é tão importante para vocês. Não vou beber por trinta dias se vocês acreditam mesmo que é um problema tão grande."

Silêncio.

O intervencionista disse: "Nós reservamos um lugar em Malibu e queremos que vá agora".

"Tá bom", eu disse. "Vou pra casa ajeitar minhas coisas. Posso ir amanhã, talvez depois de amanhã."

Ele balançou a cabeça. "Não. Nós temos um carro esperando. Queremos que você vá *agora*. Direto para lá. Sem desvios."

Eu pisquei. Eles estavam loucos? Aquilo era um absurdo. Eu estava tão mal que aquilo não podia esperar 24 horas? O que as pessoas estiveram falando a meu respeito? Como diabos havíamos chegado até ali? Minha opinião não tinha nenhuma importância?

De maneira muito clara, me disseram que não, eu não tinha escolha. "Se você não procurar ajuda agora", um dos meus empresários disse, "não poderemos mais representá-lo." Fim da história.

"Preciso do meu violão", eu disse.

Eles disseram não.

"Preciso de uma muda de roupa."

Eles disseram não.

Meus protestos continuaram por mais uma hora. Todos estavam impassíveis. Eu tinha de entrar no carro com o intervencionista, e tinha de fazê-lo imediatamente.

Então, por fim, eu cedi. Tinha cansado de lutar.

Foi um dos momentos mais surreais da minha vida, abrir mão de todo o controle e sair daquele brilhante prédio comercial de vidro na companhia do intervencionista até o veículo dele. O trajeto até Malibu levou cerca de uma hora. Uma hora longa e solene que passamos lado a lado em silêncio. Conforme nos aproximamos de Malibu, ele se virou para mim e disse: "Quer parar e tomar uma última cerveja? Antes de ser internado?".

Acho que ele só queria facilitar as coisas para mim, mas naquele momento não consegui compreender a pergunta dele. Todo mundo tinha acabado de me falar que eu tinha um problema com substâncias. Não concordei com eles, não naquela hora, mas por que eu pararia para tomar uma cerveja, fazendo parecer que eles estavam certos o tempo todo? "Não, não quero parar pra tomar a porra de uma cerveja", eu disse.

Ele assentiu e falou: "Tá bom, então". Voltamos a ficar em silêncio conforme os quilômetros passavam e eu fumava como uma chaminé – o único vício com o qual eles não tinham nenhum problema. E logo os portões da clínica de reabilitação entraram no meu campo de visão.

A clínica ficava no fundo de um grande cânion, uma descida de dois quilômetros e meio por uma estrada em zigue-zague, rodeada pelas densas florestas de Malibu. Enquanto descíamos vagarosamente a estrada, uma espécie de torpor tomou conta de mim. Era um local belíssimo. De tirar o fôlego, na verdade. Mas eu preferiria estar em qualquer outro lugar.

O intervencionista me deixou em frente a uma grande casa branca no fundo do cânion. Era um lugar bonito, e, por quarenta mil dólares, tinha que ser mesmo. Eu mal tinha falado nas últimas horas. Enquanto entrava na clínica de reabilitação, senti como se estivesse em algum tipo de pesadelo terrível. Fiz o check-in. Estavam me esperando, e o grandão careca me deixou aos cuidados deles.

Uma enfermeira me colocou sentado e me fez algumas perguntas. Que substâncias você está usando? E em que quantidade? Com que frequência? Respondi honestamente, mas ainda tinha a impressão de que era a pessoa errada no lugar errado. Não era o tipo de cara que precisava de uma dose logo de manhã só para aguentar o dia. Não estava injetando heroína secretamente. Aquilo tudo era um grande engano. A enfermeira registrou minhas respostas. Então ela disse: "Você gostaria de um codinome?".

Não entendi. "Como assim?", perguntei.

"Enquanto estiver aqui, você vai ter que usar uma etiqueta de identificação. Se você preferir, nós podemos usar um codinome. Como Bob, ou Sam."

Eu entendi. Ela havia me reconhecido, e acho que estava tentando ser sensível quanto à minha situação. Eu não estava no clima, porém, para ser manipulado. "Se as pessoas me reconhecerem dos filmes de Harry Potter", eu disse, "vai ser pelo meu rosto. Não vai ser pelo que está escrito numa etiqueta. Você poderia escrever 'A Porra do Mickey Mouse' no meu peito e ninguém pensaria que sou ele."

Não sem razão, a enfermeira ficou na defensiva. "Só pensamos que seria uma boa maneira de proteger sua privacidade", ela disse.

Por algum motivo a sugestão tinha me deixado irracionalmente furioso. Respirei fundo para controlar minhas emoções. "Não quero uma porra de codinome", respondi. O assunto foi abandonado discretamente.

Em seguida, tive de suportar um exame médico de duas horas. Tiraram amostras de sangue e urina. Checaram minha pressão sanguínea. Me fizeram soprar um bafômetro. Apontaram lanternas nos meus olhos e me apalparam e cutucaram. Então me colocaram em desintoxicação.

Desintoxicação é o processo de garantir que não haja mais substâncias no seu corpo antes que você comece o tratamento. Ainda tinha um pouco de álcool no meu sangue da noite anterior, então me levaram até um quarto pequeno, muito simples e branco e com móveis empoeirados e sem graça. Definitivamente não era o Beverly Wilshire Hotel. Havia duas camas e eu dividi o quarto com outro cara. Ele tinha passado três dias lá e ainda não estava completamente sóbrio. Fiquei assustado. Não fazia ideia de quem era aquele homem. Ele estava tremendo na cama, voltando de uma viagem de metanfetamina e murmurando incoerentemente. Eu me sentia enjoado e incrédulo. Tomei uísque demais uma noite e de repente estava dividindo um quarto com um viciado em metanfetamina. Conversamos um pouco. Não entendi a maior parte do que ele disse, mas ficou instantaneamente claro que o estado dele era muito pior que o meu. Isso não fez muito pela minha crença de que eu realmente não deveria estar ali.

Tinham me dado algum tipo de sedativo, então dormi profundamente naquela noite. Quando acordei, soprei o bafômetro de novo e o resultado foi negativo. Eu tinha passado doze horas em desintoxicação quando me deixaram sair novamente. Fui levado num tour pela propriedade: a cozinha, a sala comunitária, o terreno. Havia uma mesa de pingue-pongue. Ela me lembrou de que eu estava muito longe da tenda de recreação nos estúdios de Harry Potter, onde Emma tinha inocentemente dado um tapa na minha cara. Aquele pensamento me deu um nó no estômago. Pensei muito em Emma enquanto me perguntava como diabos fora parar ali.

E é claro que me apresentaram a alguns dos pacientes, que carregavam etiquetas com os próprios nomes como se estivessem numa sessão de encontro relâmpago. Logo aprendi que a abertura-padrão em um lugar como aquele era: "Qual é a sua droga de escolha?". Quando me perguntavam isso, eu respondia maconha e álcool. Depois de ser questionado, me sentia na obrigação de perguntar de volta. A grande maioria estava lá pelo que me pareciam predileções bem mais sérias que as minhas: heroína, opioides, benzos, metanfetamina, crack, cocaína. A maioria também bebia, mas isso era secundário à droga de escolha.

Não quero passar a impressão de que fosse como em *Um Estranho no Ninho*. Ninguém ficava jogando fezes pela sala, nem gritando ou tendo acessos de raiva. Contudo, os efeitos colaterais dos vícios dessas pessoas eram extremos e alarmantes. A maioria tremia incontrolavelmente e não conseguia te olhar nos olhos por mais que um segundo. Eles tropeçavam nas palavras. Era desconcertante, para dizer o mínimo.

Não eram apenas os pacientes que pareciam estranhos para mim. Todo o conceito de estar em uma clínica de reabilitação estadunidense era completamente esquisito para um garoto britânico de Surrey. A noção de pagar quantias obscenas para me separar do resto da humanidade era desconfortável e francamente bizarra. Eu era o mais jovem ali, mas a clientela não era exatamente velha. Presumo que a maioria tinha famílias ricas que podiam pagar pela reabilitação deles. A criação deles, eu sentia, estava a um milhão de quilômetros de distância da minha. Aquelas não eram as minhas pessoas. Eu não pertencia àquele lugar. Minha sensação de enjoo ficava cada vez mais forte.

O esgotamento emocional das últimas 24 horas era imenso. Isso e a medicação que me deram para me manter estável me colocaram em um estado mental apático, recluso, quase passivo. De algum modo aguentei aquele dia, trocando ocasionalmente algumas palavras com os outros pacientes, mas, de modo geral, isolado. Se alguém me reconheceu, não demonstrou. Acho que os próprios problemas deles os ocupavam completamente. Por que ficariam interessados no babaca da vassoura de um filme sobre bruxos enquanto enfrentavam os próprios infernos pessoais?

A noite chegou. Jantei. Observei o sol se pondo lá no alto sobre a crista do cânion. Saí no terreno para respirar um pouco de ar fresco. Tudo que tinha comigo era o maço cada vez menor de cigarros. Precisava pedir fogo para alguém. Tinham dito mais cedo que se, eu quisesse fumar, deveria me sentar em um banco específico, mas ignorei a instrução e em vez disso me sentei na grama. Ninguém brigou comigo ou pediu que eu me movesse, então apenas fiquei ali com o meu cigarro, contemplando minha situação e os eventos dos últimos dois dias. Claramente havia atingido um ponto de virada na minha vida. Eu podia não concordar com as decisões de terceiros que tinham me levado até lá. Definitivamente não achava que aquele era o lugar certo para mim. Mas ali estava eu, e tinha decisões a tomar. Ia me envolver com aquela clínica de reabilitação?

Ou ia tomar um caminho diferente?

Eu não fazia ideia, enquanto estava lá sentado terminando meu cigarro, de que as horas seguintes definiriam o resto da minha vida. Nenhuma indicação de que eu atingiria o terrível fundo do poço e precisaria depender da bondade de estranhos para seguir em frente. Tudo o que sabia era que estava com raiva e não queria mais estar ali.

Então me levantei e comecei a andar.

Realmente não achei, conforme subia devagar a estrada em zigue-zague para longe da clínica de reabilitação, que o meu momento de rebeldia daria em alguma coisa. Depois de andar uns duzentos metros, lembro de pensar que a qualquer minuto algum dos seguranças correria na minha direção e me derrubaria no chão. Eu seria arrastado de volta para o meu quarto, e aquele seria o fim.

Mas ninguém correu. Ninguém me derrubou.

Dois minutos se tornaram cinco e cinco se tornaram dez. A clínica de reabilitação desapareceu atrás de mim. Continuei subindo a íngreme estrada em zigue-zague, mas ainda estava convencido de que seria pego. Haveria portões e câmeras de segurança mais adiante. Haveria pessoas de guarda. A qualquer momento eles viriam me pegar. Acho que eu quase queria ser pego. Seria mais um motivo para sentir raiva.

Mas não apareceu ninguém. Continuei andando, e andando. Subi um quilômetro. Dois quilômetros. Cheguei no topo e havia uma cerca. Consegui pular. O terreno sob os meus pés era um pouco traiçoeiro. Estava usando minhas roupas normais e não tinha nada comigo além de alguns cigarros. Sem telefone, sem carteira, sem dinheiro, sem isqueiro. Mas continuei andando e logo vi faróis de carros à minha frente: a Pacific Coast Highway. Eu sabia que o mar estava do outro lado da PCH e sempre tive uma afinidade com o oceano. Ele me chamou e comecei a me mover naquela direção.

Eu tinha a ideia de que estariam me procurando àquela altura. Então, entrei no que posso apenas descrever como modo *Grand Theft Auto*. Cada vez que eu via um carro se aproximando, me abaixava ou mergulhava em um arbusto ou vala, arranhando completamente o rosto e os braços. Pulei cercas e corri pelas sombras até chegar enfim a uma praia selvagem e deserta. A lua brilhava forte, e naquele ponto eu estava coberto de lama, sangue e suor. Senti uma urgência de entrar na água. De repente, minha frustração transbordou. Eu estava, percebo agora, completamente sóbrio pela primeira vez em muito tempo e tive uma sensação arrasadora de clareza e raiva. Comecei a gritar com Deus, com os céus, com todo mundo e ninguém, cheio de fúria pelo que tinha acontecido comigo, pela situação na qual me encontrava. Berrei, a plenos pulmões, com o céu e o mar. Gritei até deixar tudo sair, até não conseguir gritar mais.

Então caí no choro. Estava enlameado, molhado, desgrenhado e desesperado. Minhas roupas estavam rasgadas e sujas. Devia estar parecendo um maníaco completo. Certamente me sentia como um. Conforme meus gritos ecoavam pelo oceano até o nada, uma sensação de calma finalmente tomou conta de mim. Parecia que Deus tinha me ouvido. Logo me concentrei em uma nova missão. Precisava voltar para o único lugar que parecia normal. Precisava voltar ao Barney's Beanery. Não era uma missão fácil. Eu estava a muitos, muitos quilômetros de West Hollywood. Sem telefone nem dinheiro, minha única opção era voltar a pé.

Continuei a me esgueirar pela praia, mantendo a cabeça baixa. Passei por trechos com mansões caras de Malibu que brilhavam convidativamente na noite, mas lá na beira do mar ninguém conseguiria me ver. As praias eram íngremes e as ondas quebravam barulhentas. Não havia um caminho. Na maior parte do tempo eu caminhava pela água, meus sapatos e minha calça encharcados, mal conseguindo manter os três cigarros restantes secos. Às vezes a praia acabava e eu me via escalando as pedras para encontrar a próxima faixa de areia. Estava exausto, tanto física quanto mentalmente. Estava desidratado. Não fazia a menor ideia de onde estava ou para onde estava indo. West Hollywood e o Barney's Beanery pareciam o que eram: impossivelmente distantes.

Cheguei a um trecho de praia remoto e silencioso. Um pouco adiante havia um posto de gasolina. Fui na direção dele. Devo ter parecido incrivelmente frágil emergindo do mar e me aproximando da única construção à vista. Uma sombra do que quer que já tivesse sido. Tudo o que eu queria era um isqueiro. Talvez pudesse encontrar alguém lá que tivesse um.

Três pessoas me salvaram naquela noite. Penso neles como meus três reis magos. A bondade deles não apenas me ajudou a voltar para onde precisava estar mas também me fez aceitar a minha vida e entender o que era importante nela. Eu não fazia ideia, enquanto me arrastava até aquele posto medíocre, de que estava prestes a encontrar o primeiro deles.

Não havia ninguém lá dentro exceto um senhor indiano cumprindo o turno da noite atrás do balcão. Quando perguntei se tinha fogo, ele se desculpou discretamente. "Lamento, senhor", ele disse. "Eu não fumo."

Olhei para ele sem expressão nenhuma. Então murmurei algumas palavras de agradecimento e cambaleei para fora do posto. Estava pronto para seguir pela estrada, mas vi que o homem tinha me seguido até lá fora. "Você está bem?", ele perguntou.

Eu mal sabia o que dizer. Como poderia sequer começar a explicar para ele o quanto eu não estava bem? Em vez disso, apenas perguntei, com a voz rouca: "Você não teria um pouco de água, teria?".

O homem apontou de volta para o posto. "Vá até a geladeira", ele disse. "Pegue uma. Pegue uma grande."

Agradeci novamente e entrei tropeçando no posto, onde peguei uma garrafa de dois litros de água. Quando me virei de novo, o homem estava de volta atrás do balcão. "Para onde está indo?", ele perguntou.

Eu contei para ele. "West Hollywood."

"Está longe."

"É."

"Você não tem nenhum dinheiro?"

Balancei a cabeça.

O homem sorriu. Pegou a carteira, abriu-a e tirou o que pude ver que era sua última nota de vinte dólares. "Toma", ele disse.

Fiquei olhando de novo, para ele e para o dinheiro.

"Eu não sou um homem rico", ele disse baixinho. "Não tenho muito dinheiro. Não tenho uma casa grande. Não tenho um carro chique. Mas tenho minha esposa, e meus filhos, e meus netos, e isso significa que sou um homem *rico*. Um homem *muito* rico." Ele me deu um olhar penetrante e inclinou um pouco a cabeça. "*Você* é um homem rico?", perguntou.

Minha reação instintiva foi cair numa gargalhada amarga. "Rico?", eu disse. "Eu sou milionário! E estou aqui, te pedindo uma garrafa de água e levando seus últimos vinte dólares." E o que pensei comigo mesmo, mas não disse, foi: *Não sou nem um pouco rico. Não como você.*

Ele sorriu novamente. "Isso deve te levar parte do caminho de volta até West Hollywood", ele falou.

"Prometo", eu disse, "que vou voltar, achar você e devolver seu dinheiro."

Ele sacudiu a cabeça. "Não se preocupe", ele disse. "Passe adiante da próxima vez que vir uma pessoa precisando da sua ajuda."

Agradeci profusamente conforme saía do posto. A bondade dele foi um bálsamo. Um estímulo. Comecei a achar que poderia ter sucesso na minha missão. Continuei seguindo a Pacific Coast Highway na escuridão total. Toda vez que passava um carro, eu saía abaixado da estrada e me escondia em um arbusto. Depois de mais alguns quilômetros encharcados, um Ford Mustang antigo passou correndo. Eu me agachei e me escondi. Quando já estava a uns cem metros, vi o brilho laranja de uma bituca de cigarro voar pela janela e cair no chão. Corri na direção dela, desesperado para acender um dos meus próprios cigarros molhados com aquela pequena centelha. Cheguei a tempo e fumei três cigarros, um depois do outro, acendendo um na bituca do anterior, agachado no acostamento. Acenei com a cabeça para o céu e agradeci a Deus por aquela intervenção. Então continuei andando.

Encontrei meu segundo rei mago no posto de gasolina seguinte, vários quilômetros à frente na estrada. Eu estava exausto, ainda molhado e suado, ainda sangrando e coberto de terra. Entrei cambaleando no posto e perguntei ao cara que estava lá se conhecia alguém que pudesse me ajudar com a minha situação. O cara negou, cruzou os braços e pediu que eu saísse. Era perto da meia-noite e havia apenas um carro à vista, estacionado – o primeiro veículo que eu via em um bom tempo. Fui me arrastando até lá e, com toda a delicadeza, bati na janela. O motorista, um jovem negro com o dobro do meu tamanho, abriu a janela. Comecei a dizer: "Amigo, sei que isso parece estranho, mas...".

Ele balançou a cabeça. "Só faço Uber", ele disse. "Se quiser uma carona, peça no seu celular."

Mas eu não tinha um celular. Não tinha nada além das roupas do corpo, rasgadas e encharcadas, e da nota de vinte dólares que o senhor indiano havia me dado. Inventei uma história louca: que minha namorada e eu havíamos tido uma discussão horrível e ela tinha me deixado ali no meio do nada. Tudo o que eu tinha eram vinte dólares, e ele *por favor* poderia me levar na direção de West Hollywood pela distância que desse com aquele dinheiro? Com certeza eu era uma visão patética, e ele tinha todo o direito de dar uma olhada em mim, sacudir a cabeça e fechar a janela. Mas não fez isso. Ele me mediu com o olhar, então indicou que era para eu entrar no banco de trás. Sentar nunca foi tão bom. "Aonde você precisa que eu te leve?", ele perguntou.

Eu mencionei o Barney's Beanery e reiterei que tinha apenas vinte dólares e que ficaria feliz se ele me deixasse onde esse dinheiro acabasse. Mas ele dispensou meus protestos com um gesto. Talvez tenha visto que eu não tinha condições de caminhar até West Hollywood. Talvez, como o senhor indiano no posto anterior, fosse apenas bondoso. "Vou te levar lá", ele disse. Tive dificuldade para entender a generosidade dele. Ele não queria um autógrafo em algum livro? Não queria uma foto para os filhos? Não. Só queria ajudar alguém necessitado. Ele me levou o caminho inteiro. Uma corrida de sessenta dólares, talvez mais. Implorei que anotasse o nome e o telefone dele para que eu pudesse pagá-lo, mas novamente ele me dispensou. "Não se preocupe, cara. Está tudo certo."

Já era uma e meia da manhã quando ele me deixou no Barney's. Fiz uma última e fracassada tentativa de pedir o número dele para que pudesse lhe pagar o valor adequado, mas ele não quis saber. Seguiu dirigindo pela rua e saiu da vista. Nunca mais o vi.

Virei em direção ao Barney's. Já estavam expulsando os últimos clientes. A maioria tinha ido embora. Eu não podia acreditar que, graças à bondade inesperada de estranhos, tinha conseguido chegar até lá. Exausto e sujo, cambaleei pela porta da frente. E lá encontrei Nick, o segurança. Ele me conhecia bem. Aquele era o meu point, afinal. Ele me olhou de cima a baixo, claramente ciente de que as coisas não estavam como deveriam. Mas não fez nenhum comentário. Simplesmente deu um passo para o lado e disse: "Está tarde, cara, mas se quiser entrar para um drinque rápido...".

Entrei. Ainda havia alguns clientes habituais bebendo no balcão. Meus olhos se fixaram instantaneamente nos drinques deles e me dei conta de que não havia tocado nem pensado em álcool pela maior parte das últimas 48 horas. Fiquei olhando vagamente, me perguntando por que estava lá. Algum bartender colocou automaticamente uma cerveja no balcão. Fiz menção de pegá-la instintivamente, então percebi que não estava nem um pouco interessado naquilo. Fui me afastando da cerveja, voltando pela porta do bar. Nick estava expulsando o último cliente. Enquanto eu olhava para o nada, ele perguntou: "Você está bem, cara?".

"Você pode me emprestar vinte dólares?", perguntei. "Só para eu conseguir voltar para casa?"

Nick me encarou firmemente por um longo tempo. "Onde estão suas chaves?", ele disse.

"Não estão comigo, cara", eu falei. "Eu não tenho nada." E, quando disse isso, me lembrei da voz do senhor indiano no posto de gasolina. *Você é um homem rico?*

"Você vem pra casa comigo", Nick disse. "Vamos." Eu não protestei.

Nick se tornou meu terceiro rei mago aquela noite, quando me levou para a casa dele. Era um apartamento pequeno, mas quente e confortável e muito acolhedor. Ele me colocou sentado, preparou infinitas xícaras de chá para mim e então, pelas três horas seguintes, me ouviu falar. As palavras jorravam de mim. Ansiedades que eu nunca havia articulado propriamente surgiram de algum lugar dentro de mim. A verdade da minha situação começou a emergir. Eu confrontei o fato que havia tido tanto medo de admitir por tanto tempo: não estava mais apaixonado pela Jade. Ela havia sido essencial para manter minha carreira em movimento, sem dúvida. Mas eu havia me tornado muito dependente dela, para o meu bem-estar e até mesmo para as minhas opiniões. Isso havia me cegado para a verdade desconfortável de que o meu sentimento por ela tinha mudado. Nós queríamos coisas diferentes da vida. Eu não estava sendo honesto com ela, porém, mais importante, não estava sendo honesto comigo mesmo. Se eu queria me salvar, e se queria fazer a coisa certa em relação a Jade, precisaria dizer a verdade a ela.

Àquela altura o sol já tinha nascido. A polícia, descobri depois, estivera me procurando quase a noite inteira. Assim como Jade e todos os meus amigos. Até onde eles sabiam, eu estava morto em algum lugar nas florestas de Malibu, ou definhando em alguma cela de prisão. Quando o dia clareou, pedi a Nick para usar o telefone. Liguei para Jade e disse onde estava.

Jade ficou extremamente aliviada de ouvir minha voz e descobrir que eu estava bem. Ela foi me buscar. Nós fomos para casa. Sentei com ela e expliquei como estava me sentindo. Foi uma conversa emotiva e visceral. Eu estava alterando o curso das nossas vidas com uma única conversa. Minhas palavras não eram algo que uma pessoa diz, ou ouve, com leveza. Eu disse a ela que não havia nada que eu não pudesse fazer por ela, pelo resto da vida, e estava sendo sincero. Mas estava perdido e precisava me reencontrar. Ela aceitou minha explicação com uma bondade que eu provavelmente não merecia. E, assim, nosso relacionamento chegou ao fim.

Eu havia passado a noite procurando meu caminho de volta para casa e chegado à conclusão de que ainda não estava lá. A intervenção tinha me magoado. Tinha me deixado com raiva e confuso. Mas comecei a entender que eles estavam certos e que eu precisava procurar ajuda. Ia fazer aquilo por mim mesmo.

27.
Tempo bem aproveitado *ou* versões de mim mesmo

Reabilitação. A palavra tem um estigma. Não acho que deveria ter. As poucas semanas que passei me reconectando comigo mesmo foram algumas das melhores e mais importantes da minha vida, embora eu definitivamente não tenha reconhecido isso na época. Minha intervenção tinha sido dolorosa e humilhante. A primeira clínica à qual me levaram era o lugar errado para mim. Mas, em retrospecto, sou grato por ter passado por tudo aquilo, porque levou a algumas epifanias que mudariam minha vida para melhor. Eu não acreditava que o meu uso de substâncias justificasse a intervenção, mas fico feliz que tenha acontecido, porque me tirou brevemente do mundo que estava me fazendo infeliz e me permitiu obter alguma clareza. Passei a entender que todo mundo naquela sala no dia da minha intervenção estava lá porque se importava comigo. Não com a minha carreira, não com o meu dinheiro. Eles se importavam comigo.

Depois daquela conversa difícil com a Jade, decidi me internar em uma clínica no coração da zona rural californiana, a quilômetros de qualquer coisa. Era menor que a anterior, uma clínica familiar que tratava no máximo quinze pacientes por vez. Muito menos um estabelecimento médico, muito mais um santuário para jovens com dificuldades. Havia duas casas: uma para garotos, outra para garotas. A maioria dos pacientes tinha problemas com drogas prescritas e, em paralelo, com álcool. Não eram as pessoas mais seriamente comprometidas com as quais tinham me forçado a viver após a intervenção. Isso não quer dizer que não tivessem problemas: tinham, e ficou imediatamente óbvio que os problemas deles eram mais sérios que os meus. Contudo, instantaneamente senti uma conexão com aquelas pessoas. Não me sentia tão deslocado lá.

De repente meu dia se tornou rigorosamente estruturado. Percebi que tinha sentido falta daquilo. Por toda a minha adolescência, no set de Harry Potter, uma estrutura havia sido imposta a mim sem que eu sequer percebesse. Me diziam quando chegar, onde ficar, para onde olhar, o que dizer. Há um efeito calmante nesse tipo de segurança, e, depois que ela faz parte da sua vida por tanto tempo, sua ausência pode te desorientar. Agora ela estava de volta. Acordávamos ao nascer do sol para a gratidão matinal, durante a qual nos sentávamos em círculo e um de nós lia um poema, provérbio ou oração para definir nossas intenções para aquele dia. Eram metas pequenas e atingíveis: eu poderia me comprometer, por exemplo, a retrucar menos (meu antigo atrevimento não tinha sido completamente abandonado). Então tomávamos café da manhã, e depois disso havia aulas de uma hora ao longo do dia, com intervalos de cinco minutos de ar fresco entre elas. Algumas eram sessões em grupo, outras, individuais. Havia terapia cognitivo-comportamental, hipnoterapia, aconselhamento individual. Às vezes ríamos, ou chorávamos, e todos falávamos aberta e honestamente sobre nossos pensamentos, nossos problemas e o que nos tinha levado até ali para começar.

O ponto alto do tratamento era quando nos permitiam deixar a clínica para fazer trabalho voluntário em um food truck para os sem-teto em Venice Beach. Eu gostava muito da camaradagem compartilhada entre os voluntários. Alguns estavam em tratamento, outros eram moradores locais. Alguns eram velhos, outros eram jovens. Mas todos nos uníamos na vontade de ajudar aqueles que precisavam. Não importava quem você fosse ou o que tivesse feito, desde que estivesse lá para ajudar. Eu amava. (Até aprendi a fazer burrito, uma palavra que só tinha ouvido anteriormente assistindo a *Beavis e Butt-Head* com Ash.)

Éramos todos completos estranhos em tratamento, e vulneráveis de maneiras diferentes. Em um ambiente como aquele, todos logo se tornam muito próximos uns dos outros. Você passa a fazer parte de uma família. Em questão de dias, começa a se importar profundamente com os outros pacientes. Isso por si só é uma experiência transformadora. Antes, havia alguns dias em casa em que ninguém seria capaz de me tirar da cama, pois eu não tinha nenhuma paixão. E estava tão consumido pela minha própria situação que não conseguia demonstrar compaixão por ninguém. Ali, dedilhar meu violão com um estranho ou lhe ensinar alguns acordes no meu ukulele se tornavam as coisas mais importantes da minha rotina diária. Éramos tão abertos que acabávamos nos importando mais um com o outro do que com nossos próprios problemas: a melhor ferramenta de saúde mental. De repente você é capaz de colocar em perspectiva, de maneira clara, tudo aquilo que estava te sobrecarregando.

As regras da reabilitação eram boas para mim. Elas ajudaram a me colocar de volta no caminho certo. E também foram a minha ruína. Porque, vamos ser sinceros, regras nunca foram exatamente a minha praia.

O espaço pessoal era importante. Tocar não era permitido. Demonstrações de afeto eram absolutamente proibidas. Abraços? Esqueça. Na época parecia estranho para mim, apesar de agora entender o porquê. Contudo, eu tinha acabado de sair de um relacionamento longo e havia garotas bonitas ao meu redor, uma em particular. Em duas ocasiões, os terapeutas nos pegaram trocando carícias do lado de fora do prédio, quando estávamos fingindo tirar as latas de lixo. Uma noite cometi o pecado mortal de entrar escondido na casa das meninas e ir até o quarto dela. Eu honestamente não tinha nada particularmente nefasto em mente. Ela tinha estado quieta durante o jantar e eu queria me certificar de que estivesse bem. Quando ouvi uma batida na porta, porém, fiquei apavorado com a possibilidade de ser descoberto e levar uma bronca. Eu me joguei no chão e rolei para debaixo da cama para me esconder. A porta se abriu. Prendi a respiração. Vi um par de sapatos caminhando na minha direção. Eles pararam na borda da cama. Um momento de silêncio constrangedor, então apareceu o rosto de cabeça para baixo de uma mulher. Dei o que esperei que fosse um sorriso inocente e, com um miniaceno, guinchei: "Oi!".

"O que está acontecendo?"

"Nada!"

"Por que você está embaixo da cama dela?"

"Nenhum motivo!"

Devo admitir que as coisas não estavam boas para o meu lado. A mulher olhou para mim com uma expressão de desapontamento, não diferente da que vi na minha mãe quando fui preso aquela vez.

Recebi permissão para sair no dia seguinte para fazer a dublagem de uma animação. Tinha estado em tratamento na clínica por três semanas. Estava completamente sóbrio, a mente mais afiada do que nunca, engrenagens bem lubrificadas, cheio de positividade. O intervencionista me buscou e me levou ao estúdio. Quando terminei, estava no céu. Mas, antes de eu entrar no carro, ele me disse que não me deixariam continuar o tratamento. Teria de voltar à clínica, onde minhas coisas já estavam arrumadas, e sair sem me despedir de ninguém. Não os havia impressionado com minha travessura infantil.

Fiquei chateado e com raiva. Caí no choro e chutei uma cerca. Quando voltamos para a clínica, implorei que não me expulsassem. Passei horas recitando os motivos pelos quais deveriam me deixar ficar. Me joguei no chão em lágrimas. Tentei persuadi-los de que estavam cometendo um erro e de que me comportaria melhor. Mas eles ficaram impassíveis. Eu havia quebrado as regras vezes demais, disseram. Estava atrapalhando a recuperação dos outros. Eu tinha de ir.

Passei a semana seguinte em estado de torpor. Havia passado tempo em um mundo totalmente novo, com um grupo de pessoas com as quais me importava profundamente. De repente, não podia fazer parte daquele grupo e sentia falta dele. Mas aquelas três semanas tinham mudado a minha vida. Percebi que antes estivera existindo em um estado de absoluta dormência. Não que eu estivesse pronto para pular de uma ponte; era que pular de uma ponte e ganhar na loteria pareciam desfechos equivalentes. Não me interessava por nada, bom ou ruim. Você poderia ter dito que eu seria o próximo James Bond e eu não teria me importado. Agora eu tinha recuperado minhas emoções e elas estavam a todo vapor. Algumas emoções eram boas. Outras eram ruins. Mas qualquer uma delas era melhor que nenhuma.

Eles podiam me pedir para deixar a clínica de reabilitação. Podiam me impedir de dizer adeus à minha família de lá. Mas não podiam evitar que eu fosse voluntário toda quinta-feira no food truck em Venice Beach.

Eu não sabia exatamente aonde mais poderia ir ou o que mais poderia fazer. O calçadão de Venice Beach pode ser um lugar intimidador e cheio de pessoas intimidadoras, que moram na rua e estão lidando com problemas. Quando oferece a elas comida gratuita de um food truck, você é recebido com timidez e desconfiança. Mas depois elas ficam muito agradecidas por isso, e era extremamente recompensador fazer parte daquilo. Só que eu mesmo estava sem rumo, então, quando vi um velho amigo durante o voluntariado no calçadão e ele me chamou para jantar na casa dele naquela noite, aceitei com gratidão.

O nome dele era Greg Cipes: ator, dublador e ativista pelos animais e pelo planeta. Ele morava em um apartamento pequeno no calçadão com Wingman, o cachorro dele. Ele é vegano. Não bebe nem fuma. É o homem mais limpo e acolhedor que já conheci. Pensei: *Pode ser um bom lugar para começar, por umas duas noites.* As duas noites se transformaram em dois meses dormindo em um tapete de ioga no chão dele, com os sons às vezes desconcertantes do calçadão lá fora à noite e Wingman me acordando às seis toda manhã ao lamber minha cara. Aquela época realmente reprogramou quem eu era como pessoa.

Greg se referia aos seus mergulhos no oceano como *reset*. Ele me ensinou que qualquer decisão era sempre melhor quando tomada depois do *reset*. Resisti no início, mas depois de duas semanas abracei aquela filosofia. Nós dávamos um *reset* pelo menos duas vezes por dia, de manhã e à noite. Antes de correr para o mar, levantávamos as mãos para o céu, fazíamos uma pequena oração e respirávamos fundo três vezes, então prosseguíamos com a corrida, fazendo algazarra como as crianças que somos por dentro. Greg também me ensinou que, quando você está saindo da água, deve levantar as mãos para o céu e dizer obrigado, mostrar gratidão por tudo que tem na vida. Ele me disse que Einstein apareceu para ele em um sonho dizendo que sair da praia andando de costas criava novas vias neurais. Então sempre saíamos da praia andando de costas, mantendo nossos olhos no oceano, recolhendo os pedaços de plástico que poluíam o caminho. "Tente deixar qualquer ambiente melhor do que estava quando o encontrou", ele me disse.

Greg também gostava de falar com as gaivotas. No começo achei isso ridículo. Em uma voz muito aguda e amigável, ele dizia a elas: "Vocês são tão lindas! Estão fazendo um ótimo trabalho!". Eu não me juntava a ele no início e, para ser sincero, o achava um pouco maluco. Então ele me contou sua teoria de que as gaivotas são os pássaros mais espertos do mundo. Quando questionei por quê, ele disse: "Cite algum outro pássaro que passe tanto tempo na praia!". Não consegui rebater aquilo, e agora tudo isso faz parte da minha rotina diária quando estou em LA.

Algumas pessoas acham que Greg é meio louco. Ele tem cabelo comprido de hippie, usa roupas caseiras excêntricas, está sempre carregando Wingman – a quem se refere como o guru dele – e fala de maneira pausada e incrivelmente calma, em frases às vezes enigmáticas. Mas ninguém me tratou com uma bondade, uma generosidade e uma compreensão mais incondicionais. Ninguém me ensinou mais sobre mim mesmo nem me mostra infinitas novas maneiras de encontrar a luz.

Greg diria que não me ensinou nada. Ele foi apenas uma testemunha.

Depois de alguns meses com Greg, decidi, aos 31 anos, ir atrás do meu próprio canto em Venice Beach e recomeçar minha vida. Comprei roupas novas – a maioria de brechós, a maioria florida. Resgatei uma labradora chamada Willow. Consegui gostar de mim mesmo novamente. Não o Tom celebridade da casa na colina. Não o Tom da Lamborghini laranja. O outro Tom. O Tom que tinha coisas boas a oferecer. Eu ia à praia todo dia. Aceitava os trabalhos que queria fazer em vez de ser pressionado pela opinião de outras pessoas a respeito do que eu deveria fazer. Mais importante, recuperei o controle das minhas próprias decisões. Não saía só por sair ou porque outras pessoas me diziam para sair. A vida era melhor do que nunca.

Então, quando um dia, uns dois anos depois, o torpor retornou, sem nenhum aviso nem gatilho em particular, foi um choque. Não havia nenhum motivo plausível. Eu apenas, repentina e inesperadamente, achava quase impossível encontrar razões para sair da cama. Se não tivesse que cuidar de Willow, provavelmente quase nunca sairia de debaixo das cobertas. Suportei aquele sentimento por um tempo, dizendo a mim mesmo que passaria, antes de aceitar que simplesmente não ia acontecer. Decidi que precisava ser proativo para evitar me sentir – ou *não* sentir – daquele jeito novamente.

Tinha brigado com a ideia de reabilitação da primeira vez. Mas aquele não era o mesmo eu. Havia aceitado minha predisposição genética a essas mudanças de humor, em vez de me recusar a reconhecer sua existência. Abri mão do controle e, com uma pequena ajuda dos meus amigos, encontrei um lugar onde poderia buscar auxílio. Posso dizer honestamente que foi uma das decisões mais difíceis que já precisei tomar. Mas o próprio fato de que fui capaz de admitir para mim mesmo que precisava de ajuda – e de que ia fazer alguma coisa a respeito – foi importante.

Não sou o único a ter esses sentimentos. Assim como todos enfrentamos problemas de saúde física em algum momento da vida, também enfrentamos problemas de saúde mental. Não há vergonha nenhuma nisso. Não é um sinal de fraqueza. E parte do motivo de eu ter tomado a decisão de escrever estas páginas é a esperança de que, ao compartilhar minhas experiências, eu seja capaz de ajudar alguém que esteja com dificuldades. Aprendi na primeira clínica que ajudar os outros é uma arma poderosa na luta contra os transtornos do humor. Outra ferramenta eficaz é falar sobre os pensamentos e as emoções, e não apenas aqueles fofinhos. Achei mais fácil fazer isso na cultura estadunidense. Nós, britânicos, somos mais reservados e às vezes enxergamos o ato de falar sobre os sentimentos como indulgente. Na verdade, é essencial. Então aqui está. Não tenho mais vergonha de levantar as mãos e dizer "não estou bem". Até hoje, nunca sei que versão minha vai acordar de manhã. Pode acontecer de as menores tarefas ou decisões – escovar os dentes, pendurar uma toalha, se tomo chá ou café – me sobrecarregarem. Às vezes acho que a melhor maneira de enfrentar o dia é definindo metas pequenas e alcançáveis que me levem de um minuto ao próximo. Se você se sente assim às vezes, não está sozinho, e recomendo fortemente que converse com alguém a respeito. É fácil aproveitar o sol, não tão fácil curtir a chuva. Mas um não pode existir sem o outro. O clima sempre muda. Sentimentos de tristeza e felicidade merecem o mesmo tempo de tela mental.

O que nos traz de volta ao conceito de reabilitação e ao estigma atrelado à palavra. De maneira nenhuma quero minimizar a ideia de terapia – é um primeiro passo difícil de dar –, mas quero fazer a minha parte para normalizá-la. Acho que todos precisamos dela de uma forma ou de outra, então por que não seria normal falar abertamente sobre o que sentimos? "Estou feliz porque ganhamos no futebol." "Estou puto porque o juiz não deu o pênalti." "Estou tão animado para saber quem será a próxima contratação!" Se a língua é tão passional e o ouvido, tão ansioso para falar de algo como futebol, por exemplo, por que não faríamos a mesma coisa com os assuntos não ditos? "Não consegui sair da cama esta manhã porque tudo pareceu excessivo." "Não sei o que estou fazendo com a minha vida." "Sei que sou amado, então por que me sinto tão sozinho?" Em vez de enxergar a terapia como uma consequência emergencial de um excesso de sofrimento, deveríamos começar a vê-la pelo que pode ser: uma oportunidade essencial de tirar uma folga das vozes na sua cabeça, das pressões do mundo e das expectativas que colocamos sobre nós mesmos. Não precisam ser trinta dias em uma clínica de reabilitação. Podem ser trinta horas ao longo de um ano inteiro conversando com alguém sobre os seus sentimentos, ou trinta minutos para definir intenções positivas para o dia, ou trinta segundos para respirar e se lembrar de que está aqui e está agora. Se a reabilitação não é nada além de tempo dedicado a cuidar de si mesmo, como não seria um tempo bem aproveitado?

Posfácio

Assim, chegamos ao presente e a Londres, onde moro hoje. Enquanto escrevo estas páginas, minhas aventuras em LA ficaram para trás e de algumas maneiras sinto como se tivesse fechado o ciclo. Minha vida está mais estável agora. Mais comum. Acordo na minha casa em meio às charnecas folhosas do norte de Londres toda manhã repleto de gratidão. Coloco meu fone de ouvido para escutar as notícias matinais enquanto passeio com Willow, que aparentemente está em uma constante busca por esquilos. De volta em casa, preparo um sanduíche de presunto e queijo (ainda tenho o paladar de uma criança de 9 anos) e passo algum tempo lendo roteiros ou ouvindo música. Então subo na minha bicicleta para pedalar até West End, onde estou me apresentando no palco pela primeira vez.

A peça se chama 2:22 *A Ghost Story*, e antes de cada apresentação, enquanto me preparo para entrar no palco, não posso deixar de refletir sobre a importância que as histórias tiveram na minha vida e sobre o valor que elas têm para tantas pessoas. Seria fácil desconsiderá-las. Quase fiz exatamente isso quando, duas décadas atrás, me enfileirei com um monte de jovens esperançosos, todos querendo um papel na história de um menino que vivia em um armário sob a escada. Não me parecia uma história muito boa. Sendo franco, pensei que soava um pouco ridícula. Agora, é claro, vejo as coisas de modo diferente. Vivemos em um mundo onde parecemos precisar cada vez mais de maneiras de nos unir, maneiras de construir pontes e de nos sentir como um só. Acredito que pouquíssimas coisas atingiram essa meta com tanto sucesso quanto o mundo brilhante de Harry Potter. Não se passa um dia sem que eu receba mensagens de fãs do mundo inteiro me dizendo exatamente isso.

Fazer parte dessas histórias é uma lição de humildade e uma honra extraordinária. Isso aumenta ainda mais a minha ambição de dominar o poder da arte e da habilidade de contar histórias para que eu possa passar o bastão para a próxima geração.

Surpreende algumas pessoas que eu nunca tenha relido os livros de Harry Potter, nem mesmo assistido aos filmes em sua totalidade depois das noites de estreia. Às vezes acontece de eu estar na frente da TV com alguns amigos e um dos filmes estar passando, levando à zoação obrigatória de "idiota de Harry Potter" e "babaca da vassoura". Mas nunca me sentei para assisti-los intencionalmente, do começo ao fim. Não tem nada a ver com falta de orgulho. Muito pelo contrário. É porque os estou guardando para o momento do meu futuro pelo qual mais anseio: dividir um dia essas histórias – primeiro os livros, depois os filmes – com os meus próprios trouxinhas.

Alguns anos atrás, na noite em que fugi da reabilitação e caminhei sozinho e confuso pela costa de Malibu, o primeiro dos meus três reis magos me fez uma pergunta: "Você é um homem rico?". Eu mal soube como responder. Não tenho certeza de que entendi completamente a questão. Ele me disse que era um homem rico, não porque tivesse dinheiro, mas porque tinha a família ao redor. Sabia o que era importante na vida. Sabia que nenhuma quantidade de dinheiro, fama ou elogios jamais o deixaria satisfeito. Sabia ajudar as pessoas, e isso naturalmente seria passado adiante. Agora entendo isso também. A única moeda de troca verdadeira que temos na vida é o efeito que causamos naqueles ao nosso redor.

Eu sei que tive sorte na vida. Sempre serei grato e terei orgulho dos filmes que me trouxeram tantas oportunidades. Tenho ainda mais orgulho dos fãs que mantêm a chama do mundo bruxo mais brilhante do que nunca. E tento me lembrar todo dia de quão sortudo sou por ter a minha vida. Uma vida em que amor, família e amizade estão em primeiro lugar. Não deixo de notar que a importância dessas coisas é uma das grandes lições das histórias de Harry Potter. A percepção disso é o que me faz de fato um homem rico.

Agradecimentos

Às bruxas e aos bruxos da Ebury, especialmente Claire Collins, Andrew Goodfellow, Charlotte Hardman, Jessica Anderson, Patsy O'Neill, Shelise Robertson, Sarah Scarlett, Rebecca Jones e Jeanette Slinger, por todo o seu esforço para tornar isto possível. À minha agente literária, Stephanie Thwaites, e a todos da Curtis Brown. A Adam Parfitt, meu professor de francês e de equações quadráticas, por sua paciência e sua habilidade com a pena.

A todos os grupos de fãs ao redor do mundo, especialmente as garotas do officialfeltbeats.com, pelo apoio incansável. A John Alcantar, por me apresentar às Comic Cons e segurar minha mão pelo mundo inteiro. À minha equipe – Gary O'Sullivan, Cliff Murray, Justin Grey Stone, Allison Band, Steven Gersh, Jamie Feldman, Scott Womack e Romilly Bowlby –, por sempre cuidar de mim. Às pessoas que me ajudaram pelo caminho: Anne Bury, Sue Abacus, Maxine Hoffman, Michael Duff, Nina Gold, Peter Hewitt, Andy Tennant, Chris Columbus, Alfonso Cuarón, Mike Newell, David Yates, Kevin Reynolds, Amma Asante, Charlie Stratton, Sara Sugarman e Rachel Talalay. A Joseph Fiennes, Andy Serkis, Paul Hodge, Sam Swainsbury, Grant Gustin e Dave Legeno (*in memoriam*), por terem agido como mentores para mim em algum momento. A Jason Isaacs, por ser o melhor segundo pai que um filho poderia querer. A Richie Jackson, Melissa Tamschick e a mãe dela, Anne, Tessa Davies, Michael Eagle-Hodgson, Stevie, Rob e Nina Challens, Matt "Chef" Whites, Dan Raw e toda a turma, pelas ótimas lembranças da infância. A Jade, Stevie G e toda a família Gordon, por me receberem de braços abertos.

A Derek Pitts, por ser meu ir... ir... irmão. A Greg Cipes, por me ensinar a falar com as gaivotas. A Daniel Radcliffe e Rupert Grint, por todos os anos em Hogwarts e além. A Emma Watson, por falar "quá" comigo todos esses anos. A todo mundo que trabalhou nos filmes de Harry Potter, por ajudar a formar a pessoa que sou hoje. Aos meus irmãos, por manterem os pés da lombriga no chão. Aos meus avós, especialmente o vovô e Wendy Bird, por todo o incentivo para que descobrisse as maravilhas da vida. Ao meu amado Seahorse, por ser minha luz todos os dias e me ensinar a tocar fagote.

Finalmente, a minha mãe e meu pai, por absolutamente tudo.

22 de setembro de 1987 — Surrey

Meus pais, meus irmãos e eu, logo após meu nascimento

1991

Meu pai e eu de férias

Eu e minha mãe — FRANÇA, 1993

Acampamento em família

OS GAROTOS FELTON — Jink, Chris, Eu, Ash

Com Jink, Ash e Chris

Usando as cores insossas da Grifinerd :)

Escola

Uma das minhas primeiras atuações, em um auto de Natal

... NOVA YORK

Com meu avô de mentira no meu primeiro comercial

Com meu avô de verdade na Mesa Comunal do Salão Principal

Brincando durante as filmagens de Os Pequeninos

Eu e minha mãe nos Estúdios Shepperton

1996

Com Jodie Foster na Malásia, filmando Anna e o Rei

Um sonserino em construção

Primeiros dias de Harry Potter

Estudos de Trouxa com Emma e Alfie

Meu lugar feliz no início da adolescência

Chris Columbus nos dirigindo em nossa primeira grande cena

Obrigado, Devon. Obrigado, Josh!

Lançamento do primeiro DVD no Expresso Hogwarts

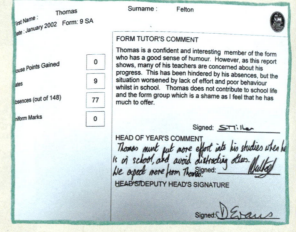

Um conselho de classe no início da minha vida escolar

Robbie Martin

Hagrid e o assustador Tom de borracha

Prêmio Disney com Emma

Os irmãos visitam Jink na universidade

Eu e minha mãe saindo para a noite de estreia de Harry Potter

2007

Com Chris Columbus em Nova York

Alfonso me apresentando ao Livro Monstruoso dos Monstros

Conhecendo minha "maldita galinha" favorita no set de gravação de O Prisioneiro de Azkaban

HP3

Nos bastidores da Broadway

Eu e Dan competindo no quadribol e no críquete

Com David Holmes, depois de a Sonserina ter conquistado mais uma vitória

Uma Comic Con no Japão

Abraços com Greyback no intervalo das gravações

Os três Malfoy

Melhor que abraçar o Voldy

O amor de Weasley

Uma rara vitória da Grifinória

Brincando de adoleta dentro e fora das telas

No tapete vermelho com Alan

Falando "quá" com meu pato favorito

Uma Comic Con no Japão

Abraços com Greyback no intervalo das gravações

Os três Malfoy

Melhor que abraçar o Voldy

O amor de Weasley

Uma rara vitória da Grifinória

Brincando de adoleta dentro e fora das telas

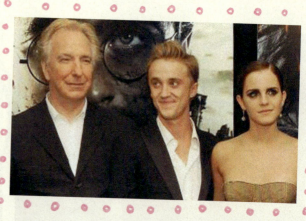

No tapete vermelho com Alan

Falando "quá" com meu pato favorito

Planeta dos Macacos: A Origem

Pulando para dentro da vida hollywoodiana

2018

De skate até a praia

Tocando em Los Angeles

Encontro com fãs

Versões de mim

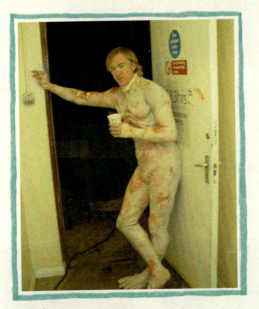

13 Hours

Um Reino Unido

Labyrinth

Joseph Fiennes

Ressurreição

Ophelia

A Batalha Esquecida

Vida praiana na Califórnia

Com minha melhor amiga Willow

(Ela cresceu um pouquinho)

Eu e Greg Cipes em Venice Beach

Inimigos nas telas viram bons amigos fora delas

Beatriz Romilly   Mandip Gill   Sam Swainsbury

Minha estreia no West End